Bisher sind in dieser Reihe erschienen:

- Die schriftliche Bewerbung
- Zeugnisse richtig lesen
- Stellenanzeigen richtig lesen
- Das erfolgreiche Vorstellungsgespräch
- Testknacker für Bewerbungsgespräche
- Die perfekte Bewerbung auf Englisch

Chefredaktion: Ilse Hell
Redaktion: Bianca Müller, Astrid Kaufmann, Martina Cyriax
Redaktionsassistenz: Corina Glaser
Titelabbildung: IFA-Bilderteam, München
Umschlaggestaltung: Inga Koch
Typografischer Entwurf: Carsten Abelbeck
Produktion: Henning Liebke

ISBN 3-8174-7405-9
7574051

Besuchen Sie uns im Internet: www.compactverlag.de

Inhaltsverzeichnis

Vorwort

Sie suchen eine neue Stelle und sind dabei, sich zu bewerben? *Be-Werben*, d. h. vor allem: Werbung für sich selbst betreiben und seine Fachkompetenzen sowie seine Persönlichkeit möglichst positiv darstellen.

Bevor man wirbt, sollte man allerdings die Zielgruppe immer genau kennen. Daher ist es notwendig, sich im Vorfeld von Bewerbungsprozessen zu informieren,

- welche Auswahlkriterien und Auswahlverfahren die Unternehmen heranziehen,
- welche Formen von Bewerbungsgesprächen es gibt,
- welche gängigen Testverfahren möglich sind und welche Ziele sie verfolgen.

All diese Fragen versucht dieses Buch zu beantworten. Es informiert über Abläufe und Inhalte von Vorstellungsgesprächen und telefonischen Vorabinterviews, zeigt Ihnen, was in den verschiedenen Leistungs-, Intelligenz- und Persönlichkeitstests auf Sie zukommen kann und führt Sie in die Methoden des Assessment-Centers ein. Dabei wird aus Einfachheitsgründen immer nur vom Bewerber gesprochen, was natürlich die weibliche Form des Wortes mit einschließt.

Viel Erfolg bei Ihrer Bewerbung!

1. Die Auswahl der Bewerber

Sie möchten oder müssen sich bewerben? Dann reicht es nicht, nur grob über das übliche Prozedere bei Bewerbungsverfahren und Vorstellungsgesprächen Bescheid zu wissen. Sie sollten auch über die typischen Vorgehensweisen der Unternehmen bei der Suche und Auswahl der Mitarbeiter informiert sein. Denn aus der Art und Weise der Personalauswahl lassen sich einerseits wertvolle Hinweise auf das Unternehmen gewinnen. Andererseits sind diese Informationen eine wichtige Grundlage für eine sorgfältige Vorbereitung auf das Bewerbungsverfahren im Allgemeinen und auf das Vorstellungsgespräch im Besonderen. Daher erfahren Sie im ersten Kapitel,

- wie die Unternehmen ihr Personal auswählen,
- welche Anforderungen und Kriterien sie dabei zu Grunde legen,
- wie Sie sich selbst darauf am besten einstellen können.

1.1 Typische Auswahlverfahren

Welcher Weg bei der Personalauswahl beschritten wird, hängt maßgeblich von der Größe und Bedeutung des Unternehmens ab. Für viele Firmen gilt der Leitsatz: „Aufstieg vor Einstieg“, d. h. internen Mitarbeitern und Bewerbern soll der Vorrang vor externen Bewerbern gegeben werden. Der Vorteil einer solchen Verfahrensweise liegt auf der Hand: Die internen Mitarbeiter sind bekannt, sie konnten sich im Unternehmen bereits mehrfach bewähren und haben die Firmenphilosophie und die Unternehmenskultur schon verinnerlicht. Daher werden viele Stellen zunächst intern ausgeschrieben. Findet sich daraufhin kein geeigneter Bewerber, geht man in der Regel zur externen Personalauswahl über.

Hierbei stehen dem Unternehmen prinzipiell zwei Vorgehensweisen zur Verfügung:

- Modell Personalabteilung
  Die Personalabteilung kümmert sich in enger Kooperation mit der entsprechenden Fachabteilung um die Suche nach geeigneten Mitarbeitern. Sie setzt Stellenannoncen in passende Zeitungen oder Job-Börsen im Internet, wertet Stellengesuche aus, bearbeitet die eingehenden Bewerbungsunterlagen, steht für telefonische Anfragen zur Verfügung und führt Vorabinterviews sowie persönliche Gespräche mit potenziellen Mitarbeitern; in manchen Fällen wird darüber hinaus auf bestimmte Testverfahren zugegriffen.

- Modell Unternehmensberatung
  Die Suche wird einer Unternehmensberatungsfirma oder einer Personalberatungsfirma übertragen. Diese Möglichkeit wird häufig aus Kapazitätsgründen gewählt, wenn z. B. keine eigene Personalabteilung existiert. Manchmal wird auch ganz bewusst bei der Auswahl von Führungskräften so verfahren, da Personalberatungsfirmen infrage kommende Bewerber oft schon kennen oder eher die Möglichkeiten haben, den passenden Bewerber zu finden. Ihre Aufgaben bestehen konkret in

der Schaltung von passenden Anzeigen, der Vorabsichtung von Unterlagen und dem Führen von Vorabinterviews. Dem Unternehmen wird dann eine bestimmte Anzahl von Vorschlägen präsentiert.

Unabhängig davon, für welchen Weg sich das Unternehmen bei der Suche nach neuen Mitarbeitern entscheidet, erfolgt die Suche niemals willkürlich. Basis für die Personalsuche und -auswahl sind folgende Punkte:

- eine Stellenbeschreibung, die auf die auszuübenden Tätigkeiten Bezug nimmt,
- ein Anforderungs- und Persönlichkeitsprofil des künftigen Mitarbeiters, das erforderliche fachliche Eigenschaften, aber auch die gewünschten Charaktereigenschaften beinhaltet.

1.2 Typische Anforderungen und Bewertungskriterien

Wenn Sie sich bewerben, sollten Sie einige der typischen Anforderungen und Kriterien kennen. Grundlage der Informationen sind die Stellenanzeigen und Stellenausschreibungen. Meistens werden hier die wesentlichen fachlichen und persönlichen Kriterien und Anforderungen schon aufgeführt.
Zunächst müssen Sie abchecken, welche fachlichen Anforderungen gestellt werden. Werden diese von Ihnen zum Großteil nicht erfüllt, dürften Sie nur geringe Chancen haben, in die engere Wahl zu gelangen.

Fachliche Anforderungen

Checkliste

- Welches Wissen und welche Erfahrungen werden im jeweiligen Fachbereich verlangt?
- Welche Kenntnisse werden in angrenzenden Fachbereichen benötigt?
- Welche technischen Kompetenzen, Erfahrungen und Fertigkeiten sind erforderlich?
- Welche Sprachkenntnisse sind unumgänglich?
- Ist Auslandserfahrung wichtig?
- Welche Ausbildung wird verlangt?

TIPP

Prüfen Sie selbstkritisch, ob Sie diese Anforderungen erfüllen können und falls nicht, ob Sie eventuelle Defizite auf einem Gebiet durch besondere Qualifikationen auf einem anderen Gebiet ausgleichen können. Überlegen Sie ruhig auch, ob Sie sich mittelfristig bestimmte Qualifikationen aneignen können.

Welche persönlichen Anforderungen werden gestellt?

Fachliche Qualifikationen reichen meistens nicht mehr aus. Immer stärker sind in letzter Zeit bestimmte persönliche und soziale Fähigkeiten in den Vordergrund gerückt:

- Selbstständiges Treffen von Entscheidungen
- Führen von Mitarbeitern
- Kundenorientierung
- Entwicklung von Problemlösungen

Dies erfordert bestimmte persönliche Kompetenzen. Zu den wichtigsten zählen:
- Kommunikationsfähigkeit
- Belastbarkeit
- Teamfähigkeit
- Kooperationsfähigkeit
- Konfliktmanagement
- Emotionale Intelligenz
- Soziale Kompetenzen
- Leitung und Coachen von Teams

Zu den persönlichen Kompetenzen zählen oft auch bestimmte methodische Fertigkeiten wie:
- Arbeitstechniken
- analytisches Denken
- Informationsmanagement
- Entscheidungsfähigkeit und Zielfindung
- Organisationsfähigkeit
- Selbstmanagement und Selbst-Controlling
- Zeitmanagement

Auch so genannte unternehmerische Fähigkeiten gehören im Prinzip zu den persönlichen Kompetenzen:
- Verantwortungsbereitschaft
- Strategie- und Problemlösungsfähigkeit
- unternehmerisches, kundenorientiertes Denken
- ganzheitliches und visionäres Denken und Planen

Bevor Sie Ihre Unterlagen einreichen, sollten Sie selbstkritisch prüfen, welche Anforderungen Sie wie gut erfüllen! Es ist wichtig, in dieser Hinsicht ehrlich zu sich selbst zu sein. Wer seine Stärken und Schwächen realistisch einschätzt, kann sich besser verkaufen.

Nachdem Sie geprüft haben, welche Anforderungen und Fertigkeiten die ausgeschriebene Stelle erfordert, sollten Sie sich nun darüber in Kenntnis setzen, welche Informationen ein Unternehmen über den potenziellen Bewerber erhalten möchte. Je intensiver Sie sich bei der Zusammenstellung Ihrer Unterlagen darauf einstellen, desto größer ist die Chance, dass Sie eingeladen werden bzw. in ein engeres Auswahlverfahren kommen.

Was interessiert das Unternehmen?

Auf die folgenden Fragen sollte jeder Bewerber über seine Unterlagen eindeutig und schlüssig Auskunft geben können:

- Welchen Nutzen kann der Bewerber dem Unternehmen bieten?
- Über welches Wissen und Können verfügt er?
- Wie sieht der bisherige berufliche Werdegang aus?
- Sind die Tätigkeitsfelder in stetiger Weise anspruchsvoller und schwieriger geworden?
- Ist die Verantwortung gestiegen? Wenn nicht, welche Gründe liegen vor?
- Ist eine logische Struktur hinter den bisherigen Stellenwechseln erkennbar?
- Ist die ausgeschriebene Stelle ein logischer Schritt in der beruflichen Weiterentwicklung?
- Warum interessiert sich der Bewerber für die ausgeschriebene Stelle? Was ist seine Motivation?
- Welche Erwartungen hat der Bewerber an die Stelle?

- Wie sehen die weiteren beruflichen Ziele des Bewerbers aus?
- Welche der ausgeschriebenen Fähigkeiten besitzt er nicht?
- Kann er die Lücken durch Weiterbildung schließen?
- Wie groß ist sein Entwicklungspotenzial?
- Welche Einstellungsbedingungen sind realisierbar?
- Wie wichtig sind ihm Familie und Freizeitgestaltung?
- Welche Bedingungen bezüglich Arbeitsplatz, Arbeitszeit und Gehalt stellt der Bewerber? Welche davon können erfüllt werden?
- Wie ist seine Einstellung zu Arbeit und Verantwortung?

1.3 Welche Erwartungen habe ich als Bewerber?

Nicht nur das Unternehmen stellt bestimmte Erwartungen an den Bewerber, die sich in der Stellenbeschreibung und/oder dem Anforderungsprofil niederschlagen. Auch der Bewerber hat bestimmte Erwartungen an das Unternehmen. Es hilft, sich über diese Erwartungen schon frühzeitig klar zu werden. Nur so kann man erkennen, ob die ausgeschriebene Stelle den gewünschten Anforderungen einigermaßen entspricht. Überlegen Sie einen Moment und fragen Sie sich, was Ihnen hinsichtlich Ihrer zukünftigen Tätigkeit wichtig ist:

- eigenständiges und selbstverantwortliches Arbeiten
- positives Arbeitsklima
- hohes Maß an Verantwortung
- vielseitige und abwechslungsreiche Tätigkeit
- wechselnde Inhalte

- Aufstiegschancen
- kooperativer Führungsstil
- hohes Gehalt

1.4 Das Persönlichkeitsprofil eines Bewerbers

Sehen Sie die Bewerbungsphase auch als Chance für eine Art Selbstreflexion! Je bewusster Sie sich Ihrer Fähigkeiten, Wünsche, Ziele, Motivation und Entwicklungsmöglichkeiten sind, desto leichter fällt Ihnen die Beantwortung der Fragen im Vorstellungsgespräch. Ziel dieser Fragen ist ja, möglichst viele persönliche, fachliche und soziale Merkmale des Bewerbers zu erfassen und ein umfassendes Bild über seine Persönlichkeit zu erhalten. Dies ist in Ihrem Fall umso leichter möglich, je mehr Sie sich als „Mensch mit Profil" verstehen, hinter Ihren Stärken und auch Schwächen stehen und sich dementsprechend präsentieren. Dann können Sie authentisch und selbstsicher auftreten und müssen auch nicht lange überlegen, wenn der Personalleiter Ihnen Fragen zu Ihrem Selbstbild stellt.

Selbstbefragung

Ein ganz entscheidender Faktor während der Vorbereitung auf ein Bewerbungsverfahren ist die eingehende Auseinandersetzung mit sich selbst. Diese selbstkritische Reflexion bedeutet vor allem Nachdenken über die eigenen Stärken und Schwächen, Vorlieben und Abneigungen, Bedürfnisse und Erwartungen. Sie bedeutet aber auch das Erkennen von Gemeinsamkeiten und Ähnlichkeiten mit anderen Menschen sowie das Feststellen von gewissen Unterschieden.

Tragen Sie Ihre persönlichen Antworten auf die folgenden Fragen in eine Bewertungsskala von 1-5 (gar nicht bis absolut) ein:

Checkliste

- Eigeninitiative: Wenn ich Handlungsbedarf erkenne, greife ich ein und agiere selbstbestimmt.
- Körperliche Belastbarkeit: Ich bin generell in körperlich guter Verfassung. Stresssituationen schlagen mir nicht so schnell auf den Magen. Ich bin froh, wenn ich verschiedene Tätigkeiten gleichzeitig tun kann.
- Loyalität/Aufrichtigkeit: Intrigen sind mir zuwider. Ich bin ehrlich, ohne verletzen zu wollen.
- Lernbereitschaft: Persönliche berufliche Weiterbildung halte ich für sinnvoll und nutze sie auch. Ich bin offen und interessiert an neuen Themen.
- Geistige Beweglichkeit: Ich kann mich schnell auf eine neue Situation einstellen und mich rasch und gut in neue Themen einarbeiten.
- Konfliktbereitschaft: Konflikte löse ich konstruktiv. Streitigkeiten gehe ich nicht aus dem Weg. Ich kann durchaus die persönliche und sachliche Ebene auseinander halten.
- Zielstrebigkeit: Ich setze mir langfristige, realistische Ziele. Ich strebe kontinuierlich und etappenweise dem Ziel entgegen.

- Organisationsfähigkeit: Ich behalte auch in chaotischen Situationen den Überblick.
- Selbstdisziplin: Ich lasse mich nicht so schnell ablenken.
- Arbeitsstil: Ich arbeite gewissenhaft und gründlich.
- Selbstvertrauen: Ich vertraue meinen eigenen Kräften und Fähigkeiten.
- Selbstsicherheit: Ich lasse mich nicht vorschnell durch die Meinung anderer irritieren. Ich strahle meine innere Ruhe auch nach außen hin aus.
- Kontaktfähigkeit: Ich bin gerne unter Leuten und knüpfe gern neue Kontakte. Hierbei habe ich keine Probleme.
- Aufgeschlossenheit: Neuen Leuten und anderen Meinungen gegenüber bin ich positiv eingestellt.
- Auftreten: Ich zeige mich in öffentlicher Gesellschaft unverkrampft.
- Kommunikationsfähigkeit: Ich kann mich klar und deutlich ausdrücken. Ich kann andere von meinen Ideen überzeugen. Ich bin ein guter Zuhörer.
- Integrationsfähigkeit/Anpassungsvermögen: Ich finde mich immer schnell in bestehende Organisationen ein.
- Entscheidungsfähigkeit: Ich treffe Entscheidungen in der Regel wohl überlegt, zügig und nach rationaler Abwägung.
- Verantwortungsbereitschaft: Ich stehe zu meinen Entscheidungen und scheue mich nicht davor, für sie die volle Verantwortung zu übernehmen.

- Leistungsbereitschaft: Ich bin bereit, in wichtige und interessante Aufgaben viel Energie und Kraft zu investieren.
- Einsatzwille/Fleiß: Bei wichtigen Projekten und Terminangelegenheiten arbeite ich auch freiwillig länger, notfalls auch am Wochenende oder an Feiertagen.

Die ehrliche Bearbeitung der Checkliste hilft Ihnen dabei, Ihre Persönlichkeit und insbesondere Ihre Stärken und Schwächen zu definieren. Sie können Ihre Antworten auch dazu nutzen, neben der Ist-Situation eine Art Soll-Profil aufzustellen, indem Sie sich bei jeder Frage überlegen, wie Sie gerne sein würden und wie Sie sich dorthin entwickeln können.

TIPP

Oft ist es aber auch so, dass die Soll-Vorstellung schon zu stark in die Ist-Analyse einfließt und dadurch ein etwas verzerrtes Bild der eigenen Persönlichkeit entsteht. Um dies zu vermeiden, ist es sinnvoll, die Selbstbefragung durch ein möglichst objektives Fremdbild seitens Freunden, guten Bekannten, Familienangehörigen oder Kollegen zu ergänzen. Dies ist natürlich auch wieder subjektiv geprägt durch Faktoren wie die Beziehung zueinander, den Grad der Bekanntheit etc., aber es kann Ihnen doch sehr helfen.

1.5 Die Bewerbungsunterlagen

Haben Sie all diese Informationen gesammelt und sind sich im Klaren darüber, wo Sie sich aus welchen Gründen bewerben möchten, müssen Sie Ihre Bewerbungsunterlagen zusammenstellen. Dies ist nicht einfach, denn letztlich sind es Ihre Unterlagen, die Ihnen den ersten Schritt in das Unternehmen ermöglichen können. Daher sollten Sie sich genau fragen, nach welchen Kriterien Unternehmen die Unterlagen filtern.

Welche formalen Kriterien gibt es?

Nicht zu unterschätzen ist der formale Aspekt der Bewerbung. Bereits die äußere Form der Bewerbungsmappe ermöglicht Rückschlüsse auf den Arbeitsstil des Bewerbers. Die schriftlichen Unterlagen sollten daher stets gewissenhaft, korrekt, wohl überlegt und vor allem auch sauber wirken. Folgende Kriterien sind dabei relevant:

Checkliste

- Welches Papier wurde ausgewählt?
- Ist die Hülle neu oder wurde sie schon einmal benutzt?
- Liegt eine fehlerfreie und komplette Ausfertigung und Zusammenstellung der Unterlagen in der richtigen Reihenfolge vor oder wurde die Mappe achtlos erstellt?
- Ist das Foto aktuell und wurde es von einem professionellen Fotografen angefertigt?
- Wann sind die Unterlagen eingegangen?

Auch bei Bewerbungen per E-Mail sind bestimmte formale Anforderungen zu berücksichtigen. Zu ihnen zählen:

Checkliste

- Ist es eine schnell aufgesetzte, knappe Mail oder enthält sie ein zusätzlich angeführtes Bewerbungsanschreiben?
- Sind die wichtigsten Unterlagen beigefügt?
- Ist ein Foto vorhanden?

TIPP

Eine wichtige Rolle spielt der Zeitpunkt, zu dem die Unterlagen eingehen. Denn er wird oft als Indiz für die Arbeitsmoral des Bewerbers gewertet. Daher empfiehlt es sich unbedingt, das Abschicken der Unterlagen nicht zu lange hinauszuzögern, denn dies könnte auf eine langsame und nachlässige Arbeitsweise hindeuten. Umgekehrt kann ein schneller Eingang auf eine dynamische, routinierte Persönlichkeit hindeuten, die stets zuverlässig und prompt ihre Arbeit verrichtet.

Welche inhaltlichen Kriterien sind relevant?

Als bedeutende inhaltliche Kriterien gelten:

- Geschlecht und Alter
- Dauer und Qualität der Berufs- oder auch Hochschulausbildung.
- Berufserfahrung während der Ausbildung, zu der Praktika oder praktische Studiensemester zählen.

- Auslandserfahrung. Praktika oder weiter reichende berufliche Erfahrungen im Ausland werden immer wichtiger. Sie verweisen auf gute Fremdsprachenkenntnisse und zeigen darüber hinaus, dass der Bewerber geistig und standortbezogen flexibel und beweglich, unabhängig und zielstrebig ist.
- Familienstand. Die Angabe des Familienstandes wird immer verlangt, obwohl oft unterschiedliche und nicht zutreffende Schlüsse daraus gezogen werden. So gilt für Männer der Familienstand „verheiratet" als positiver Faktor, da sie ihren Platz im sozialen und familiären Umfeld bereits gefunden haben. Dagegen wird es bei Frauen manchmal als negativ angesehen, verheiratet zu sein, da man mit Schwangerschaften und längeren Abwesenheiten rechnet. Um so wichtiger ist es für Sie als Frau, schon in den Unterlagen zu zeigen, dass Sie nicht zum Spaß viel Zeit in Aus- und Weiterbildung investiert haben, sondern das Ziel verfolgen, beruflich weiterzukommen und dem Unternehmen, für das Sie sich entschieden haben, durchaus längerfristig zur Verfügung zu stehen.
- Eine immer geringere Rolle spielt die Angabe der sozialen Herkunft, die in den Bewerbungsunterlagen auch nicht mehr enthalten sein muss.

1.6 Zusammenfassung: Welche Punkte muss ich als Bewerber beachten?

Im ersten Abschnitt haben Sie bereits erfahren, worauf Sie achten müssen, bevor Sie in das Bewerbungsverfahren einsteigen. Folgende Punkte sollten Sie dabei immer ganz besonders berücksichtigen:

Checkliste

- Werden Sie sich über die verschiedenen Verfahren der Personalsuche und Personalauswahl klar!
- Studieren Sie die Stellenausschreibungen genau, um möglichst viele Informationen über das gewünschte fachliche und persönliche Anforderungsprofil zu erhalten!
- Führen Sie sich bei der Zusammenstellung Ihrer Unterlagen die typischen Fragen der Unternehmen vor Augen, auf die diese in der Regel eine Antwort haben möchten!
- Werden Sie sich über Ihre Erwartungen klar!
- Erstellen Sie ein selbstkritisches und ehrliches Persönlichkeitsprofil!
- Nutzen Sie es als Basis für Veränderungen und ergänzen Sie es durch ein ebenso ehrliches und kritisches Fremdbild!
- Verdeutlichen Sie sich die formalen und inhaltlichen Kriterien, die Unternehmen bei der Durchsicht und Bewertung der Bewerbungsunterlagen zu Grunde legen und stellen Sie danach Ihre Unterlagen zusammen!

2. Die Vorbereitung auf ein Vorstellungsgespräch

Liegt die Einladung zu einem Vorstellungstermin vor, ist die erste Hürde im Bewerbungsverfahren bereits genommen. Herzlichen Glückwunsch! Die Bewerbungsunterlagen genügten nicht nur formalen und inhaltlichen Anforderungen, sondern haben auch Interesse geweckt. Der nächste Schritt ist jetzt das Vorstellungsgespräch. Hier genügt es nicht, einfach nur mit der Adresse im Kopf zu erscheinen. Im Gegenteil! Notwendig ist eine systematische Vorbereitung. Diese umfasst insbesondere

- die Einholung genauer Informationen über das Unternehmen,
- die Selbst-Organisation des Vorstellungsgespräches,
- die Einstimmung auf die Gesprächspartner und die Gesprächszeit.

2.1 Welche Informationen zum Unternehmen sind wichtig?

Um im Vorstellungsgespräch einen wirklich guten Eindruck zu hinterlassen und insbesondere zu zeigen, dass man Interesse an dem potenziellen Arbeitgeber und der ausgeschriebenen Stelle hat, bedarf es vor allem einer fundierten Kenntnis desjenigen Unternehmens, bei dem man sich beworben hat. Denn die erste Frage im Vorstellungsgespräch lautet nicht selten: *„Was wissen Sie über unser Unternehmen?“* oder *„Warum haben Sie sich gerade bei uns beworben?“*. Peinlich, wenn man darüber keine

Auskunft geben kann! Darum: Informieren Sie sich unbedingt über das Unternehmen!
Es gibt verschiedene Möglichkeiten, sich über den potenziellen neuen Arbeitgeber zu unterrichten:

Checkliste

- die Stellenausschreibung (erste Hinweise)
- die Homepage
- Geschäftsberichte, die Sie sich zuschicken lassen können
- Artikel in verschiedenen Datenbanken oder Zeitschriften, die sich relativ problemlos über das Internet abrufen lassen
- Industrie- und Handelskammern, die oft sehr viel interessantes Material haben
- Nachschlagewerke der Wirtschaft
- Nachfragen bei der unternehmenseigenen Presse- und Öffentlichkeitsabteilung, bei der man z. B. Prospekte und anderes Material erhält
- Personen, die in dem Unternehmen arbeiten oder mit dem Unternehmen in irgendeiner Form in Beziehung stehen (z. B. Kunden ...)

Wichtig ist es, sich zunächst darüber im Klaren zu sein, welche Angaben man für diesen Zweck überhaupt benötigt. Dies hängt natürlich sehr stark davon ab, um welches Unternehmen es sich handelt. Bei größeren Aktiengesellschaften sind solche Informationen relevant, wie sie in der Checkliste auf der nachfolgenden Seite aufgelistet sind.

Checkliste

- Hauptsitz
- Branchen
- wichtige Tochterunternehmen/Beteiligungen
- Niederlassungen im In- und Ausland
- Produkt- und Leistungspalette
- Zahl der Mitarbeiter im In- und Ausland
- Umsatz/Gewinn
- Geschäftsleitung
- Marktposition und Marktanteile im Inland und Ausland
- Mitbewerber auf dem in- und ausländischen Markt
- wirtschaftliche Entwicklung in den letzten fünf Jahren
- aktueller Aktienstand
- zukünftige Entwicklungschancen
- Firmengeschichte

Unabhängig von der Größe und der Rechtsform des Unternehmens sind folgende Informationen von großer Bedeutung:

Zum Unternehmen selbst:

Checkliste

- Ist das Unternehmen national oder international tätig?
- Wo liegt der Firmenhauptsitz?
- Zu welcher Branche zählt das Unternehmen?

- Gibt es ein Kooperations- oder Konkurrenzunternehmen?
- Wodurch unterscheidet sich das Unternehmen von anderen Firmen?
- Was sind seine hauptsächlichen Kernkompetenzen und Stärken?

Zur Organisation:

Checkliste

- Wie viele Mitarbeiter sind beschäftigt – im Firmenhauptsitz und im Gesamtunternehmen?
- Wie sieht die Organisationsstruktur des Unternehmens aus? Ist das Unternehmen eher hierarchisch oder eher projektartig aufgebaut? Gibt es Partnerschaften zu anderen Unternehmen? Gibt es bekannte Tochterunternehmen?
- Welche Abteilungen gibt es und wie sind sie angeordnet?

Zur wirtschaftlichen Entwicklung:

Checkliste

- Was lässt sich über Umsatzentwicklung und Wachstumsrate sagen?
- Was lässt sich zur Gewichtung der Marktanteile sagen?

- Wie sieht sie im Vergleich mit Konkurrenzunternehmen aus?
- Welche Zukunftserwartungen bestehen? Wie schauen die Prognosen aus?
- Stehen möglicherweise Geschäftsübernahmen an?
- Gibt es Pläne für Umstrukturierungen und den Wechsel von Führungskräften?
- Welches sind die wichtigsten Produkte bzw. Leistungen?
- Wie wurde in der letzten Zeit über das Unternehmen in der Presse berichtet?

2.2 Die optimale Organisation eines Vorstellungsgespräches

Informationen über das Unternehmen einzuholen, ist eine wichtige Voraussetzung. Ähnlich wichtig ist es aber, sich vorab darüber Gedanken zu machen, wo das Gespräch stattfindet, wie Sie dort hin kommen und was Sie anziehen. Denn fachliches Wissen mag inhaltlich überzeugen. Nachhaltig positiv prägend ist aber auch die Einhaltung von Regeln wie Pünktlichkeit oder Gewissenhaftigkeit in der Bewerbungssituation.

Zum vereinbarten Zeitpunkt am gewünschten Ort zu sein ist selbstverständlich. Pünktlich zu sein heißt aber auch, nicht zu früh dort zu sein, denn dies wird häufig auch als Unhöflichkeit interpretiert. Daher ist es sinnvoll, rechtzeitig da zu sein und die verbleibende Zeit bis zum Termin im Auto sitzend oder mit einem kleinen Spaziergang zu überbrücken. Das hilft auch, die Gedanken noch einmal zu sammeln und innerlich ruhiger zu werden.

Die wichtigsten organisatorischen Fragen sind:

Checkliste

- Wie komme ich hin? Fahre ich mit dem eigenen Wagen oder nutze ich öffentliche Verkehrsmittel?
- Wann fahren welche öffentlichen Verkehrsmittel?
- Gibt es Parkplätze in der Nähe?
- Habe ich genügend Zeit für den Fahrweg eingerechnet?
- Habe ich alle erforderlichen Unterlagen dabei?
- Habe ich gegebenenfalls Arbeitsproben und weiteres Anschauungsmaterial dabei?
- Sind die Namen der Ansprechpartner bekannt? Kenne ich deren Funktionen? Habe ich mich im Internet über sie informiert?
- Bin ich der Position und dem Unternehmen angemessen gekleidet?
- Bin ich in ausgeruhter, ungestresster Verfassung?
- Bin ich innerlich ruhig, weil ich mich gut vorbereitet habe?

Eine wichtige Rolle spielt durchaus die Kleidung. Hier finden Sie ein paar diesbezügliche Richtlinien.

- Kleiden Sie sich eher zurückhaltend vornehm und – dies gilt insbesondere für Damen – schlicht elegant!

- Schauen Sie sich einmal die typischen Vertreter Ihrer Branche an und orientieren Sie sich ein wenig an ihnen! Erscheinen Sie also in einer „Software-Schmiede“ nicht im dunklen Anzug mit Weste!
- Vermeiden Sie es, besser gekleidet zu sein als Ihr Gegenüber!
- Verzichten Sie auf jede Extravaganz, also etwa auf eine grelle, poppige, übertriebene Maskerade!
- Versuchen Sie, eine aufeinander abgestimmte, gepflegte Gesamterscheinung abzugeben, die zu Ihnen passt, die Ihre persönliche Note unterstreicht und Ihnen hilft, sich vorteilhaft zu verkaufen!

2.3 Wie kann ich mich auf das Gespräch einstimmen?

Üben Sie – üben Sie – üben Sie! Um ein Bewerbungsverfahren inklusive Vorstellungsgespräch und möglichen Eignungstests erfolgreich und souverän durchlaufen zu können, bedarf es sowohl der theoretischen als auch der praktischen Vorbereitung. Daher sollte man sich frühzeitig Wissen zu formalen und inhaltlichen Gesprächsabläufen, aber auch zu fördernden und hemmenden Gesprächstechniken oder verschiedenen Gesprächsformen aneignen und diese ausprobieren.

Das Beste ist natürlich die Methode des „learning by doing“, d. h. das praktische Üben von Vorstellungsgesprächen, um Erfahrungen zu sammeln, zu wissen, was auf den Bewerber zukommt und wie man auf die verschiedenen Techniken reagieren sollte. Vor allem zwei Wege bieten sich an:

- Methode Bewerbung!
  Bewerbung bei Unternehmen, die nicht unbedingt für eine berufliche Tätigkeit in Betracht gezogen werden. Wird man eingeladen, ergeben sich hervorragende Möglichkeiten für Probeläufe und das Sammeln praktischer Erfahrungen. Für Sie als Bewerber steht nichts auf dem Spiel, aber durch die gewonnenen Erfahrungen können Sie Ihr eigenes Verhalten testen und ausloten. Sie merken, welche Elemente fast immer in einem Gespräch auftreten und wie sich die Unternehmen voneinander unterscheiden. Gewisse Fragen werden generell gestellt und sind ein wichtiger Erfahrungswert – genauso wie die Reaktion auf unterschiedliche Gesprächspartner und Gesprächstechniken.
- Methode Simulation!
  Die zweite Möglichkeit ist die Simulation eines Vorstellungsgespräches oder wenigstens von wichtigen Bestandteilen vor einem Bewerbungstermin. Dabei kann man sich entweder in die Rolle eines Bewerbers mental hineindenken und sich geeignete Antworten überlegen oder – noch besser – diese Antworten einem Partner gegenüber laut äußern. Denn oft verleiht erst die verbale Äußerung den Gedanken logische Struktur und dem Bewerber sprachliche Gewandtheit.

Je öfter der Bewerber Bewerbungssituationen praktisch testet und das Führen von Bewerbungsgesprächen übt, desto besser kann er seine eigene Argumentationsfähigkeit üben und etwaige Unstimmigkeiten, Lücken oder Schwächen erkennen und daran arbeiten. Zudem wird er selbstsicherer und weniger nervös. Das Lerning-by-doing-Prinzip lohnt sich – schließlich sind selbstsicheres Auftreten und Argumentationsfähigkeit die wichtigsten Erfolgsfaktoren!

2.4 Zusammenfassung: Systematische Vorbereitung

Werden Sie zu einem Vorstellungsgespräch eingeladen, müssen Sie sich gezielt vorbereiten:

Checkliste

- Informieren Sie sich über das Unternehmen! Nutzen Sie alle klassischen und elektronischen Medien, um möglichst viele Informationen über Unternehmen, Mitarbeiter, Produkt, Leistungen, Markt, Branche etc. herauszufinden!
- Organisieren Sie das Gespräch rechzeitig! Überlegen Sie sich genau, wie Sie hinkommen, wann Sie dort sind, wie Sie sich anziehen!
- Üben Sie! Lesen Sie Literatur über verschiedene Gesprächstechniken und -formen, simulieren Sie Bewerbungsgespräche und bewerben Sie sich bei Unternehmen, bei denen Sie gar nicht unbedingt anfangen möchten, zur Probe. Je mehr Wissen Sie sich aneignen und je mehr Erfahrungen Sie sammeln, desto selbstsicherer treten Sie auf und desto schlüssiger wird Ihre Argumentation!

3. Das telefonische Vorabinterview

Der klassische Ablauf eines Bewerbungsverfahrens ist bekannt: Schriftliche Bewerbung auf eine Stellenanzeige, telefonische oder schriftliche Benachrichtigung mit Einladung, Vorstellungsgespräch mit oder ohne Testverfahren. Es gibt jedoch noch eine weitere Variante: Das Telefoninterview, das im Vorfeld des persönlichen Vorstellungstermins stattfindet. Es handelt sich quasi um eine Art Begutachtung auf halber Bewerbungsstrecke und ist ein Verfahren, dass insbesondere Unternehmens- und Personalberater sehr gerne anwenden.
Denn allein aufgrund der Vielzahl der eingehenden Bewerbungen liegt es im Interesse der Personalabteilung, des Geschäftsführers oder des Personalberaters, die Spreu vom Weizen zu trennen. Dafür werden die geeignetsten und für das Unternehmen interessantesten Unterlagen anhand des Anforderungsprofils der zu besetzenden Stellen herausgefiltert. Um unter diesen Bewerbungen dann nochmals eine Auswahl zu treffen und zu entscheiden, wer tatsächlich eingeladen wird, wird ein telefonisches Vorabinterview zwischengeschaltet.

Gründe für ein Vorabinterwiew

Warum werden nun Vorabinterviews durchgeführt? Beim Abgleichen der vorgelegten Bewerbungsunterlagen mit dem schriftlich fixierten Anforderungsprofil werden Abweichungen und Übereinstimmungen registriert und festgehalten. Klaffen Fähigkeiten und Anforderungen zu weit auseinander, wird der Bewerber sofort aussortiert. Gibt es dann immer noch sehr viele Bewerber, ist es aus

Kostengründen nicht möglich, alle Bewerber zu einem Gespräch einzuladen. Daher findet eine Vorauswahl zwischen den grundsätzlich infrage kommenden Bewerbern statt. Mit diesen Kandidaten wird vorab ein Telefoninterview geführt. Oft wird dieser spezielle Weg auch eingeschlagen, wenn sich eine Bewerbung besonders interessant und viel versprechend anhört und sich der Personalberater ein besseres Bild von der Persönlichkeit verschaffen möchte, die dahinter steht.

Das telefonische Vorabinterview verfolgt insbesondere drei Ziele:

- Es kann nachgefragt werden, wenn erforderliche Anforderungen nicht oder zu knapp in den Bewerbungsunterlagen angesprochen wurden.
- Ungereimtheiten in der zeitlichen Abfolge von Ausbildungsdaten und Berufstätigkeiten lassen sich klären.
- Das Verhalten des Bewerbers im Allgemeinen und sein Gesprächsverhalten im Speziellen kann schon einmal getestet werden.

Gerade dieser letzte Punkt kann sich als recht wichtig für das weitere Bewerbungsvorgehen erweisen. Denn der Interviewer erhält dabei wichtige Informationen:

- Wie geht der angerufene Bewerber damit um, überraschend angerufen zu werden und sich einer Telefonbefragung stellen zu müssen?
- Wie sieht sein Gesprächsverhalten aus?
- Wirkt er unsicher oder bleibt er auch während des Gespräches souverän?

3.1 Der Ablauf eines Vorabinterviews

Seien Sie nach dem Absenden Ihrer Unterlagen stets auf ein telefonisches Vorabinterview vorbereitet. Das bedeutet natürlich nicht, dass Sie nun die ganze Zeit vor dem Telefon lauern müssen und nicht mehr Ihre Wohnung verlassen dürfen. Sie sollten sich nur darüber klar werden, wie Sie reagieren, wenn ein Anruf kommt. Dabei lassen sich prinzipiell zwei Möglichkeiten unterscheiden:

Ungünstiger Zeitpunkt

Der Anruf kommt zu einem ungünstigen Zeitpunkt, weil Sie Besuch haben, Ihre Kinder in die Schule bringen müssen oder gerade an einem Projekt sitzen, das am Abend fertig sein muss. In diesem Fall sollten Sie sich auf keinen Fall auf ein so wichtiges Telefongespräch einlassen, denn Sie können nicht souverän wirken, wenn Sie nicht ruhig und entspannt sind. Die Unruhe und Hektik bemerkt der Interviewer und rechnet Ihnen das – insbesondere, wenn er die Gründe nicht kennt – negativ an. Bitten Sie daher in freundlichem, selbstbewusstem Ton um Aufschiebung des Telefongespräches, etwa in der Art: *„Ich freue mich, von Ihnen zu hören und bin gerne bereit, auf Ihre Fragen einzugehen. Leider erreicht mich Ihr Anruf jedoch in einem ungünstigen Moment, kann ich Sie zurückrufen? Zu welchem Zeitpunkt ist es Ihnen recht?"* Hierfür muss jeder Verständnis haben. Allerdings hört das Verständnis auf, wenn Sie den Termin versäumen und sich zu dem vereinbarten Zeitpunkt nicht melden. Vereinbaren Sie daher einen Termin, der aus Ihrer Sicht auf jeden Fall möglich ist und rufen Sie zuverlässig zurück. Ansonsten signalisieren Sie Unzuverlässigkeit und Desinteresse und das darf in so einem Fall einfach nicht passieren!

Anrufbeantworter

Das Gleiche gilt, wenn Sie auf Ihrem Anrufbeantworter den Anruf abhören und um schnellstmöglichen Rückruf gebeten werden. Rufen Sie schnell an – denn Unternehmen registrieren durchaus, wie lange sich ein Bewerber mit dem Rückruf Zeit lässt.

Nutzen Sie die Zeit bis zu dem Gespräch! Denn als Vorbereitung für das Interview können Sie sich mit einigen häufig gestellten Fragen schon einmal näher auseinander setzen:

- Wie wurden Sie auf uns aufmerksam?
- In welchem Zusammenhang haben Sie das erste Mal von unserem Unternehmen, von der Stelle, unseren Produkten etc. gehört?
- Hatten Sie schon einmal mit unserem Unternehmen zu tun? In welchem Zusammenhang?
- Warum halten Sie sich für die Position geeignet?
- Wann könnten Sie bei uns anfangen?
- Würden Sie auch an einem Assessment-Center teilnehmen?
- Zwischen Studium und Berufsanfang liegt ein halbes Jahr. Was haben Sie da gemacht?
- Welche Tätigkeiten umfassten Ihre Praktika?
- Sie schreiben von dem Projekt xy, worum ging es hier genau? Welche Funktion hatten Sie inne?

Checkliste

- Überlegen Sie sich vorher, wie Sie auf bestimmte Fragen reagieren und welche Fragen Sie selbst stellen möchten!
- Bleiben Sie ruhig und verschieben Sie gegebenenfalls das Gespräch, wenn Sie in Zeitnot sind!
- Versuchen Sie, entspannt und souverän zu wirken!
- Achten Sie auf Ihre Stimme und Ihr Sprechtempo!
- Nehmen Sie eine aufrechte Sitzhaltung ein oder – noch besser – stellen Sie sich hin!
- Lächeln Sie – es entspannt die Situation!
- Warten Sie nicht zu lange, wenn um Rückruf gebeten wird!
- Antworten Sie nicht unter Zeitdruck oder Anspannung! Verschieben Sie dann lieber das Gespräch!
- Seien Sie nach Absenden der Unterlagen immer auf ein Telefoninterview gefasst und vorbereitet!
- Überlegen Sie sich schon vorher die Antworten auf mögliche Fragen!
- Formulieren Sie eigene Fragen!
- Sprechen Sie von sich aus das weitere Vorgehen an! Klären Sie den nächsten Kontakt!

4. Das Bewerbungsgespräch

Weder die schriftlichen Unterlagen inklusive Bewerberfoto noch ein Vorab-Telefongespräch vermitteln dem Personalexperten einen ausreichenden Eindruck von der Persönlichkeit und Leistungsfähigkeit des Bewerbers. Erst der persönliche Kontakt gibt endgültig Aufschluss über Auftreten und Wirkung des Kandidaten. Seine Erfahrung und Menschenkenntnis ermöglichen es dem Personalverantwortlichen, während eines persönlichen Gespräches auch die Glaubwürdigkeit eines Bewerbers festzustellen. Deshalb ist das Bewerbungsgespräch ein wichtiger Test für die Persönlichkeit des Bewerbers.
Für Sie in der Bewerbersituation gilt daher auch hier: Gute Vorbereitung und Kenntnis des zu erwartenden Ablaufes sichern eine optimale Startsituation. Verdeutlichen Sie sich daher schon frühzeitig sowohl den formalen Ablauf eines solchen Gespräches wie auch die zu erwartenden Fragen. Das gibt Ihnen Sicherheit und schützt vor Überraschungen. Im Einzelnen sollten Sie wissen, wie Bewerbungsgespräche formal und inhaltlich ablaufen, welche Rolle Sie als Bewerber darin spielen und welche typischen Gesprächstechniken und Formen von Bewerbungsgesprächen es gibt.

4.1 Der Ablauf eines Bewerbungsgespräches

Jedes Bewerbungsgespräch basiert auf dem gleichen Grundmuster, das je nach Gesprächsform leicht variierbar ist. Egal ob ein Interview mit „harter" oder „weicher"

Befragungstechnik oder ein klassisches Bewerbungsgespräch geführt wird, sie alle folgen bestimmten Regeln, die zur „Aufdeckung" der Persönlichkeit des Bewerbers dienen und Ihnen daher bekannt sein sollten.
Die Phasen jedes Bewerbungsgespräches sind ähnlich:

- Vorfeld eines Gespräches
- Gesprächseröffnung
- Aufrechterhaltung des Dialoges
- Gesprächsbeendigung
- Nachbereitung

Das Vorfeld eines Gespräches

Oft beginnt die Testsituation für den Bewerber bereits beim Betreten der Firma. Entweder muss er im Vorzimmer warten, bis er zum Gespräch gebeten wird oder er darf schon im Besprechungszimmer Platz nehmen. In diesem Fall ist es für den Interviewer oft sehr aufschlussreich, wo der Bewerber Platz nimmt. Oft wird dem Bewerber auch bewusst bei der Platzwahl der Vorzug gegeben, um aus diesem Verhalten schon Rückschlüsse auf seine Persönlichkeit zu ziehen. Durch die Wahl der Sitzposition zeigt sich sowohl das Selbstbewusstsein des Bewerbers als auch sein Macht- und Dominanzverhalten. Daher ist die erste wichtige Frage:

Welchen Platz wählt der Bewerber und wie viel Raum nimmt er für sich in Anspruch?

Geht man von einem viereckigen Tisch aus, so bieten sich folgende Sitzkonstellationen an:

- Der Bewerber nimmt am Kopfende Platz.
- Der Bewerber setzt sich an die Ecke der Längsseite des Tisches.
- Der Bewerber wählt einen Platz in der Mitte der Längsseite, sodass sich der Interviewer nur ihm gegenüber setzen kann, um einen guten Augenkontakt zu halten.

Kommunikationsexperten raten zu einer Über-Eck-Konstellation als gute Basis für Verhandlungsgespräche. Hier ist das Verhältnis ausgewogen und die Gesprächspartner müssen sich nicht aufgrund der Sitzposition frontal begegnen und notgedrungen fixieren. Diese Position lässt mehr Freiheit zu.

TIPP

Egal, ob der Tisch rund oder eckig ist oder ob es nur eine Sitzgruppe gibt, immer sollte bei der Platzwahl die goldene Mitte gewählt werden. Das heißt für Sie: Nehmen Sie nicht zu abseits und ängstlich Platz, breiten Sie sich aber auch auf gar keinen Fall auf den zur Verfügung stehenden Sitzgelegenheiten aus! Setzen Sie sich auch nicht zu gemütlich hin und vermeiden Sie unbedingt den Chefsessel, wenn er als solcher in irgendeiner Form gekennzeichnet ist.

Wie verhalten Sie sich, wenn Getränke und Zigaretten angeboten werden?

Ein weiterer Prüfstein für das Verhalten des Bewerbers sind oft auch die Getränke, die entweder schon auf dem

Tisch stehen oder während des Gespräches gereicht werden. In beiden Fällen ist es völlig unproblematisch, eine Tasse Kaffee oder ein Glas Wasser zu trinken, wenn der Interviewer bereits anwesend ist. Dies gilt natürlich nicht für alkoholische Getränke. Vermeiden Sie alkoholische Getränke, auch wenn Ihr Gegenüber ein Glas Wein trinkt. Es kann sich um einen Test halten. Denken Sie daran: Es handelt sich hier nicht um eine Freizeitsituation, sondern um eine ernsthafte Begegnung, die über Ihre gesamte Zukunft entscheidet.

Greifen Sie auch nicht gleich zu einer Zigarette, wenn dies Ihr Gegenüber tut. Denn schließlich wird das Thema „Rauchen am Arbeitsplatz" stark diskutiert. Es soll besser nicht der Eindruck entstehen, dass Sie keine zwei Stunden ohne Zigarette auskommen.

Die Gesprächseröffnung

Oft entscheiden in der Kontaktphase die ersten Minuten bzw. sogar Sekunden der persönlichen Begegnung über den weiteren Verlauf des Gespräches und generell über Sympathie und Antipathie. Manche Menschen schwören auf die Verlässlichkeit ihres ersten Eindrucks. Da es sich aber um eine Entscheidung für ein längerfristiges Beschäftigungsverhältnis handelt, die sachlich zu diskutieren ist, bedarf es mehr als der subjektiven Urteilsbildung aufgrund des ersten Eindrucks. Dennoch ist er nicht zu unterschätzen.

Ein geübter Interviewer versucht, bereits bei der Begrüßung ein angenehmes Gesprächsklima zu schaffen. Er tauscht Höflichkeiten aus, um die Nervosität zu mildern und bedankt sich in der Regel bei dem Bewerber für sein Kommen. Typisch ist beispielsweise die Frage, ob man gut hingefunden hat oder die Aufforderung, sich erst einmal eine Tasse Kaffee zu genehmigen. Eine klassische und höfliche Form der Gesprächseröffnung ist auch, wenn der Interviewer, bevor er mit der Befragung beginnt, das Unternehmen in kurzen Zügen vorstellt, um dem Bewerber die Gelegenheit zu geben, sich erst einmal etwas entspannen zu können.

Um den Bewerber sich etwas „warm reden“ zu lassen, gibt es typische Fragen, die gerne in der Phase der Gesprächseröffnung gestellt werden. Eine solche betrifft beispielsweise den Lebenslauf, der zwar bereits vorliegt, aber nochmals abgefragt wird.

Bereiten Sie sich daher auf folgende Eingangsfragen vor:

- Erzählen Sie doch bitte etwas über sich!
- Stellen Sie sich kurz vor!
- Schildern Sie uns noch einmal den Verlauf Ihrer Ausbildung!
- Aus welchen Gründen hatten Sie Ihre erste Position in der Firma xy?
- Wie lange haben Sie insgesamt studiert?
- Was haben Sie in den Semesterferien vornehmlich gemacht?
- Wie sind Sie auf unser Unternehmen gestoßen?
- Was finden Sie besonders interessant an dieser Branche bzw. dieser Position?

- Welche Hobbys haben Sie?
- Wie sieht Ihre familiäre Situation aus?
- Sind Sie ortsmäßig gebunden?

Die Gesprächseröffnungsphase kann fließend in die nächste, die Aufrechterhaltungsphase, übergehen.

Die Aufrechterhaltung des Gespräches

Ein gutes Vorstellungsgespräch wird von einem Firmenangehörigen geleitet, der ein Fachmann auf seinem Gebiet ist und die Gesprächsführung übernimmt. Er wird in der Regel Ihre Unterlagen vor sich liegen haben, allerdings den Eindruck vermitteln, sie sich schon genauestens angeschaut zu haben.

Das Bewerbungsgespräch ist ein wechselseitiger, dynamischer Vorgang und würde seine Berechtigung verlieren, wenn einer der beiden Gesprächspartner in einen Monolog verfallen würde. Der Fachmann übernimmt jedoch die Moderation und bestimmt die angesprochenen Themen je nach seinem Informationsbedarf und Interesse.

Die typischen Fragen sind in drei Bereiche eingeteilt:

- Allgemein gehaltene Fragen zur Bewerbung und zum Unternehmen
- Berufsbezogene Fragen zur Ausbildung, zu beruflichen Zielen und zur Motivation
- Personenbezogene Fragen zur Persönlichkeit und Selbsteinschätzung, zum privaten Alltags- und Freizeitleben und zur familiären Situation

Aber auch der zeitliche Aspekt wird genauer unter die Lupe genommen und abgefragt. Denn für den Personalexperten ist oft der Entwicklungsverlauf des Kandidaten: gestern – heute – morgen entscheidend.

TIPP

Die wichtigsten Fragen werden unten aufgeführt. Überlegen Sie sich geeignete Antworten und üben Sie die Beantwortung dieser Fragen einmal für sich oder mit einer anderen Person!

Fragen allgemeiner Art:

Checkliste

- Warum haben Sie sich bei unserem Unternehmen beworben?
- Was wissen Sie über unser Unternehmen?
- Welche Erwartungen haben Sie in Bezug auf eine Anstellung in unserem Unternehmen?
- Warum möchten Sie gerade in unserem Unternehmen tätig sein?
- Warum möchten Sie die Stelle wechseln?

Fragen zu Ausbildung und Beruf:

Checkliste

- Warum haben Sie sich für diese Ausbildung bzw. dieses Studium entschlossen?

- Welche Fächer haben Ihnen in der Schule und während der Ausbildung bzw. des Studiums besonders gefallen, welche weniger?
- Welche Alternativen hätte es sonst noch gegeben? Aus welchen Gründen haben Sie diesen Weg nicht weiter verfolgt?
- Welche Schwerpunkte hatten Sie in Ihrem Studium bzw. Ihrer Ausbildung?
- Wie lautete das Thema Ihrer Abschlussarbeit (Diplom, Magister, Promotion) und warum haben Sie gerade dieses Thema gewählt? Was sind die wichtigsten Ergebnisse Ihrer Arbeit?
- Warum waren Sie bloß so kurze Zeit in der letzten Firma tätig?
- Warum haben Sie Ihre Stellen so häufig bzw. noch nie gewechselt?
- Welchen Grund hatte es, dass Sie innerhalb Ihrer beruflichen Laufbahn eine Zeit lang ausgesetzt haben?
- Was haben Sie an Ihrer letzten Stelle besonders geschätzt?
- Wo liegen Ihre fachlichen Präferenzen?
- Mit welchen fachlichen Inhalten beschäftigen Sie sich hingegen weniger gerne?
- Über welche Fremdsprachenkenntnisse verfügen Sie? Wie haben Sie sich diese angeeignet?
- Was erwarten Sie von Ihren Team-Mitarbeitern?
- Welche der Ziele und Ideen, die Sie angestrebt haben, haben Sie auch verwirklichen können?

Fragen zu beruflichen Zielen und Motivation:

Checkliste

- Wie sieht für Sie der ideale Führungsstil aus?
- Welches sind Ihre mittel- bis langfristigen Ziele?
- Welche Position möchten Sie in fünf Jahren erreicht haben?
- Wie wichtig ist Ihnen ein hohes Einkommen?
- Wie wichtig ist Ihnen eine Position mit Führungsverantwortung?
- Definieren Sie für sich den Begriff „Erfolg"!
- Was bedeutet für Sie der Begriff „Karriere"?
- Auf welchen Gebieten möchten Sie sich gern weiterentwickeln?
- Wodurch werden Sie eher motiviert, durch finanzielle Anreize oder durch inhaltliche Entfaltungsmöglichkeiten?

Fragen zu Persönlichkeit und Selbsteinschätzung:

Checkliste

- Wo liegen Ihre Stärken, wo Ihre Schwächen?
- Wie würden Sie sich selbst charakterisieren?
- Welche Fehler haben Sie?
- Auf welche Fähigkeiten sind Sie besonders stolz?
- Mit welchen Eigenschaften eines Vorgesetzten wären oder sind Sie nicht einverstanden?
- Welche Eigenschaften und Verhaltensweisen schätzen Sie bei Kollegen überhaupt nicht?

- Aus welchen Gründen sollten wir Sie einstellen?
- Wenn Sie nochmals von vorne anfangen könnten, was würden Sie anders machen?

Fragen zum privaten Alltags- und Freizeitleben:

Checkliste

- Was machen Sie in Ihrer Freizeit?
- Welche Hobbys haben Sie?
- Reisen Sie gern?
- Treiben Sie Sport?
- Sind Sie ehrenamtlich tätig?

Fragen zur familiären Situation:

Checkliste

- Sind Sie verheiratet?
- Haben Sie Kinder? Wie alt sind sie?
- Ist für Sie und Ihre familiäre Situation eine Versetzung mit Umzug in eine andere Stadt oder in ein anderes Land vorstellbar?
- Ist Ihr Partner bzw. Ihre Partnerin ebenfalls berufstätig und wenn ja, wo?

Ziel dieser Fragen ist es, einen ersten Eindruck über Ihre Persönlichkeit und Ihre fachlichen sowie persönlichen Kompetenzen zu erlangen. Dabei wird natürlich jeder

Personalexperte andere Fragen stellen oder andere Schwerpunkte setzen, um die aus seiner Sicht interessanten Informationen zu erhalten. Es gibt aber einige typische Eigenschaften, Kenntnisse und Fähigkeiten, nach denen Bewerber normalerweise immer beobachtet und beurteilt werden. Sie sind in der Tabelle zusammengefasst. Schauen Sie sich vor einem Bewerbungsgespräch die Liste genau an und überlegen Sie sich für jeden Punkt, wie Sie ihn unterstreichen und wie Sie vielleicht genau auf das Thema hinweisen könnten.

Checkliste

- Allgemeinbildung
- Arbeitstempo
- Äußere Erscheinung
- Auffassungsgabe
- Aufgeschlossenheit
- Belastbarkeit
- Disziplin
- Durchsetzungsvermögen
- Erfahrung
- Fachkenntnisse
- Gewissenhaftigkeit
- Kreativität
- Motivation
- Selbständigkeit
- Verantwortungsbereitschaft
- Verhalten zu Kollegen
- Vertrauenswürdigkeit
- Zuverlässigkeit

Die Rolle des Bewerbers

Nicht nur das Unternehmen darf in einem Bewerbungsgespräch den Bewerber prüfen, sondern umgekehrt muss natürlich auch der Bewerber mehr über das Unternehmen in Erfahrung bringen. Nutzen Sie die Gelegenheit – denn schließlich müssen auch Sie sich erst entscheiden, ob dieses Unternehmen und der ausgeschriebene Arbeitsplatz tatsächlich für Sie in Frage kommen. Ein Bewerbungsgespräch darf nie zu einem Verhör ausarten, bei dem der Bewerber lediglich auf die Fragen des Gegenübers reagiert. Es ist vielmehr ein wechselseitiger Prozess, ein Dialog, bei dem der Bewerber die Chance nutzen sollte, die Gesprächsführung auch selbst mitzugestalten. Denn egal wie umfangreich die vorher eingeholten Informationen sind, es wird immer noch Punkte und offene Fragen geben, die sich für Sie als Bewerber stellen.

Typische Fragen könnten sein:

Checkliste

- Wann ist der genaue Eintrittstermin?
- Wie lange dauert die Probezeit?
- Wie lange gilt der Vertrag?
- Sind häufig Überstunden erforderlich? Werden sie finanziell vergütet oder durch Freizeit ausgeglichen?
- Gibt es Sozialleistungen, wenn ja, welche?
- Gibt es in diesem Unternehmen eine betriebliche Altersversorgung?
- Wie sieht der Tätigkeitsbereich konkret aus?

- Welche Befugnisse und Verantwortlichkeitsbereiche werden Sie haben?
- Welche persönlichen Entwicklungsmöglichkeiten und Aufstiegschancen gibt es?
- Welche Fort- und Weiterbildungsmaßnahmen werden angeboten?
- Aus welchen Gründen wird die Stelle besetzt oder neu besetzt?
- Durch wen erfolgt die Einarbeitung?
- Wie sehen die hierarchischen Strukturen aus?
- Gibt es viel Projektarbeit?
- Gibt es Personalführungsgrundsätze?
- Welche Unternehmensziele werden verfolgt? Welche Konzepte werden angegangen?
- Wie sind die Zukunftsaussichten der Branche?

TIPP

Ergänzen Sie diesen Fragenkatalog um diejenigen Aspekte, die Sie unbedingt wissen möchten und die Ihnen vor dem Bewerbungsgespräch einfallen.
Nehmen Sie Ihren Notizzettel ruhig mit! Es ist nicht unprofessionell, wenn Sie während Ihrer Fragen einen Blick auf Ihre Notizen werfen. Im Gegenteil!
Es wirkt kompetent und zielbewusst und verleiht Ihnen die erforderliche Sicherheit! Allerdings sollten Sie nicht mit der Tür ins Haus fallen und sich sofort nach anfallenden Überstunden oder Ähnlichem erkundigen. Das macht keinen motivierten Eindruck!

Das Gesprächsende

In Ihrem eigenen Interesse sollten Sie als Bewerber versuchen, das Gespräch positiv abzuschließen, um einen guten Gesamteindruck zu hinterlassen. Hierzu gehört, dass Sie sich für das Gespräch bedanken und auf das weitere Vorgehen zu sprechen kommen. Es ist günstiger, sich schon am Ende dieses Gesprächs über den weiteren Kontakt zu einigen, als sich nach ein paar Tagen telefonisch über den Stand der Dinge zu erkundigen.

Dabei sollten Sie lediglich fragen, wie weiter verfahren wird und was Sie aus Ihrer Sicht tun können, z. B. ob noch irgendwelche Unterlagen erforderlich sind. Sicherlich würden folgende Fragen einen ziemlich schlechten Eindruck machen:

- Wie sind meine Chancen?
- Welchen Eindruck haben Sie von mir?
- Glauben Sie, dass ich in ihr Team passe?
- Ich habe den Eindruck, dass ich gut für diese Stelle geeignet bin, oder?
- Wer sind denn meine Mitbewerber? Wie viele Konkurrenten habe ich?

Nachbereitung

Bereiten Sie das Bewerbungsgespräch im Anschluss nach und überlegen Sie sich nochmals, wann Sie wie geantwortet haben, welche Fragen Sie gestellt haben und wo Sie sich vielleicht besser anders hätten verhalten sollen. Gehen Sie das Bewerbungsgespräch noch einmal selbstkritisch durch, machen Sie sich Notizen und lernen Sie daraus für die Zukunft! Dazu gehört auch, dass Sie Fragen sammeln und Ideen aufschreiben.

Wie verhalte ich mich in Bewerbungsgesprächen?

Checkliste

- Seien Sie pünktlich!
- Treten Sie selbstbewusst und höflich auf, aber nicht zu lässig und jovial!
- Suchen Sie den Blickkontakt zu allen am Gespräch Beteiligten!
- Meiden Sie alkoholische Getränke, auch wenn sie Ihnen angeboten werden!
- Rauchen Sie nur im Ausnahmefall!
- Beantworten Sie die Fragen ehrlich, ohne Zögern und Stottern!
- Zeigen Sie Interesse! Bringen Sie eigene Fragen zu Unternehmen und Position ein!
- Machen Sie sich ruhig Notizen!
- Bedanken Sie sich am Schluss für das positive Gespräch!

Denken Sie immer daran, wenn Sie alle bisherigen Tipps in diesem Buch beherzigt haben: Sie haben sich hervorragend vorbereitet und alles in Ihrer Macht stehende getan. Es gibt aber immer Faktoren, die Sie nicht beeinflussen können. Dazu zählen beispielsweise die Laune und Stimmung Ihres Gesprächspartners, die aktuell angespannte wirtschaftliche Situation des Unternehmens etc., die Ihnen Ihr Bewerbungsgespräch vermiesen können.

4.2 Methoden der Gesprächsführung

Vom Sprachpsychologen Paul Watzlawick kommt der bekannte Spruch: „Man kann nicht nicht kommunizieren" oder – anders ausgedrückt: „Man kann sich nicht nicht verhalten".

Jedes menschliche Verhalten ist demnach Kommunikation, sogar Schweigen. Entweder hat der Gesprächspartner die Frage nicht verstanden oder kann inhaltlich nichts mit ihr anfangen. Vielleicht hat er aber auch gar keine Lust, sich näher damit auseinander zu setzen oder überlegt gerade. Welche Konsequenzen hat aber diese Aussage für Ihr Verhalten im Bewerbungsgespräch? Nicht nur der Inhalt einer Aussage, sondern auch die begleitende Körpersprache und die stimmliche Ausprägung sagen etwas über den Menschen aus. Der geübte und sensible Interviewer wird daher das Verhalten des Bewerbers gezielt beobachten und hieraus seine Schlüsse ziehen.

Daher sollten Sie sich vorab über die wichtigsten Fragetechniken informieren und überlegen, wie Sie auf diese Fragen verbal und non-verbal reagieren. Zu unterscheiden sind prinzipiell:

- Offene Fragestellungen
- Geschlossene Fragen
- Alternativ- oder Suggestivfragen

Offene Fragen lassen dem Bewerber viel Spielraum, weil er bei der inhaltlichen Formulierung seiner Antwort nicht eingeengt wird. Typisches Beispiel ist: „Aus welchen Gründen haben Sie sich für dieses Unternehmen entschieden?“ Dagegen legen geschlossene Fragen den Gesprächspartner schon fest. Die Richtung der Antwort wird durch die Frage schon vorgegeben. Typisches Beispiel ist „Wären Sie damit einverstanden, dass Sie sich Anfang nächster Woche noch einmal bei uns melden?“

Auch Alternativ- oder Suggestiv-Fragen sind geschlossene Fragen, da sie nur vorher festgelegte Antworten zulassen. Beispiel: „Reisen Sie lieber mit der Bahn oder mit dem Auto?“ Aus bestimmten Gründen möchte das Unternehmen keine weiteren Möglichkeiten anbieten. Ein anderes Beispiel ist „Sie erachten es doch auch für sehr sinnvoll, sich weiterzubilden?“ Hier soll ein in eine Suggestivfrage eingekleideter Sachverhalt dem Befragten unterstellt werden.

Denkbar ist auch die Anwendung von Mehrfachfragen. Hier werden dem Bewerber gleichzeitig mehrere, nicht unbedingt thematisch miteinander verbundene Fragen gestellt. Man beobachtet dabei, auf welche der geäußerten Fragen er sich bezieht und zieht daraus entsprechende Schlüsse. In der Regel geht jeder Befragte auf genau die Fragen ein, die für ihn angenehm sind, einen interessanten Aspekt beleuchten oder eine positive Aussagekraft haben.

Ziel all dieser Fragetechniken ist es nicht nur, Aufschlussreiches zur Person und zum beruflichen Hintergrund des Bewerbers zu erfahren, sondern auch die im

Umgang mit diesen Fragen dominierenden Verhaltensweisen zu beobachten, zu analysieren und zu interpretieren. Oft wird der Bewerber dafür auch mit unvorhersehbaren, eher unangenehmen Aussagen konfrontiert, mit denen er brüskiert oder generell verunsichert werden soll.

Ein Beispiel verdeutlicht diese Technik: Der Interviewer gibt nähere Informationen zur ausgeschriebenen Position. Er erläutert, dass die Tätigkeit sehr anstrengend und zeitintensiv sein kann sowie zu Überstunden und an den Wochenenden zu Mehrarbeit führen kann. Diese – meist überspitzte Darstellung – der Arbeitszeit hat Kontrollfunktion.
Überprüft werden soll die Übereinstimmung der zuvor gemachten Äußerungen des Bewerbers hinsichtlich seines Arbeitseifers mit seiner Reaktion auf die ausgemalte Situation. Entspricht sie seinen Äußerungen, dann kann man von einem guten Arbeitswissen und einem befriedigenden Arbeitseinsatz ausgehen.

TIPP

Wie können Sie sich auf verschiedene Fragetechniken vorbereiten? Seien Sie sich über die verschiedenen Gesprächstechniken im Klaren und überlegen Sie sich anhand von Beispielen, wie Sie darauf reagieren können und welche Informationen Sie durch Ihr Verhalten von sich vermitteln.
Versuchen Sie während des Bewerbungsgespräches, konstant konkrete und keine zweideutigen Informationen zu vermitteln.

4.3 Welche Formen des Bewerbungsgespräches gibt es?

Im Rahmen des Personalauswahlverfahrens gibt es verschiedene Gesprächsformen. Die für beide Parteien sinnvollste Variante ist das klassische Bewerbungsgespräch. Es zeichnet sich durch einen partnerschaftlichen, freundlich-neutralen Ton aus. Beide Gesprächspartner tauschen rein sachliche Informationen aus. Dabei wird nicht nur der Bewerber genauestens zu seinem bisherigen Leben befragt und seine zukünftigen Entwicklungspotenziale unter persönlichen und beruflichen Gesichtspunkten diskutiert. Im Sinne eines Dialoges wechseln sich die Gesprächspartner ab und auch der Bewerber kann Informationen über Unternehmen und Position einholen.

Neben dem klassischen Bewerbergespräch oder als Varianten dazu haben sich mittlerweile

- das *Interview*
- das *improvisierte Bewerbungsgespräch* und
- das *Stressinterview*

als wichtige Formen herausgebildet. Ein Bewerber sollte auch diese Formen kennen und sich frühzeitig mit ihnen auseinander setzen.

Das Interview

Das Interview wird oft mit dem klassischen Bewerbungsgespräch gleichgesetzt, was der Realität oft nicht entspricht. Denn im Gegensatz zum klassischen Bewerbungsgespräch zeichnet sich das Interview durch einen einseitigeren Kommunikationsstil aus: Der Interviewer stellt

Fragen, der Bewerber antwortet. Die zwei wichtigsten Varianten des Interviews sind:

- Standardisiertes Interview
- Inquisition

Wie läuft ein standardisiertes Interview ab?

Das standardisierte Interview lässt sich als das Ablesen eines Personalfragebogens interpretieren. Der jeweilige Interviewer, meistens der Personalexperte, stellt eine Anzahl von Fragen in einer vorher genau festgelegten Reihenfolge. Er hakt sozusagen Antwort für Antwort ab, ohne Abweichungen vom Fragenkatalog vorzunehmen. Mit einer dialogen Gesprächssituation hat dieses Interview kaum mehr etwas gemein. Die Befragung ist unflexibel und eher steif, sodass der Bewerber kaum bzw. gar nicht die Möglichkeit hat, den Gesprächsverlauf zu lenken – geschweige denn, etwas mehr über sich und seine Qualifikationen einzubringen oder etwa selbst Nachfragen zu stellen.

Inquisition

Wird diese Verhör-ähnliche Befragungssituation auch beim nachfolgend erläuterten Stressinterview erzeugt, spricht man auch von Inquisition. Ziel der Methode ist es dann, den Lebenslauf zu kontrollieren und die Persönlichkeit des Bewerbers zu testen, indem ihm unangenehme, scharf formulierte und bohrende Nachfragen gestellt werden. Damit soll er unter Druck gesetzt werden und aufgrund dessen eine ehrliche Schilderung seines Lebenslaufes liefern. Gleichzeitig soll das Selbstbewusstsein unter Beweis gestellt werden.

Was passiert bei einem improvisierten Bewerbungsgespräch?

Mitunter wandelt sich das Bewerbungsgespräch zu einem improvisierten, den Anforderungen und Zielen eines klassischen Vorstellungsgespräches nicht genügenden Dialog. Zwei Gründe sind hierfür meist verantwortlich: Entweder ist der Dialogpartner in Befragungstechniken nicht geschult oder er hat sich schlecht oder gar nicht vorbereitet. So kann es passieren, dass dem Bewerber ungeübte Interviewer gegenübersitzen, die aus dem Blauen und quasi dem Bauch heraus ihre Fragen formulieren. Diesen Fall trifft man manchmal bei kleineren Unternehmen, die über keine eigene Personalabteilung verfügen und aus Unwissenheit oder Kostengründen auf die Dienste einer geschulten Personalberatungsfirma verzichten. Dann wird das Bewerbungsgespräch von einem auf dem Gebiet der Personalbefragung laienhaft agierenden oder schlecht ausgebildeten Mitarbeiter geführt. Dabei kann es durchaus passieren, dass der Interviewer zu Beginn der Unterredung zum ersten Mal die Bewerbungsunterlagen durchblättert, um überhaupt einen Bezugs- bzw. Anknüpfungspunkt für die erste Frage zu erhalten.

Auch wenn ein improvisiertes Bewerbungsgespräch als leicht zu bewältigen gilt und oft nicht ernst genommen wird, sollte diese Gesprächssituation nicht unterschätzt werden. Gerade weil der Interviewer möglicherweise auf dem Gebiet der Personalauswahl unerfahren bzw. nicht geschult ist, wird er sich nicht aufgrund von objektiven Beurteilungs- und Bewertungskriterien entscheiden, sondern unter Umständen auf sein Gefühl hören und sich subjektiv entschließen. Dabei spielt die Symphatie bzw. Antipathie des Interviewers die entscheidende Rolle; Bewertungen, die sich auf die fachliche Qualifikation beziehen, entfallen in solchen Fällen meist.

Problematisch sind oft auch die Gesprächsführung und der Interviewstil in einem improvisierten Bewerbungsgespräch, da nicht nach einer gezielten Verfahrensstrategie vorgegangen wird.

TIPP

Damit Sie möglichst angemessen auf die Situation eines solchen improvisierten Bewerbungsgespräches reagieren können, wählen Sie eine ganz einfache Strategie: Um Ihrem Dialogpartner zu zeigen, dass Sie ihn verstanden haben und dem Gespräch weiterhin aufmerksam folgen, sind Rückmeldungen und Gesprächssteuerungstechniken wie Fragen, Wiederholung des Gesagten, Zusammenfassungen und andere Methoden geeignet. Zeigen Sie Ihrem Interviewpartner vor allem nie, für wie unprofessionell Sie seine Gesprächsführung halten!

Sie sollten auch Ihr eigenes Verhalten nicht einfach kritiklos dem Kommunikationsstil des Gegenübers angleichen. Diese Regel gilt insbesondere dann, wenn der Interviewer einen zu vertraulichen Ton anschlägt und die Kommunikationsebene, auf der sich der Interviewer und der Bewerber begegnen, keine sachliche, berufsbezogene mehr ist.

TIPP

Vergessen Sie nie, dass es sich nach wie vor um eine Prüfungs- und Testsituation handelt, auch wenn die Gesprächsbeziehung ebenbürtig und gleichberechtigt erscheinen mag. Ihr Interviewpartner mag kommunizieren, wie er möchte – Sie als Bewerber sollten ein korrektes Verhalten an den Tag legen, indem Sie neutral und distanziert bleiben und sich nicht zu einem persönlichen, intimen Ton hinreißen lassen!

Wundern Sie sich auch nicht über die Gesprächslänge bei derartigen improvisierten Gesprächen. Es kann sich um sehr lange Gespräche oder auch um sehr kurze Gespräche handeln. Aus der Dauer des Gesprächs dürfen Sie keine Rückschlüsse ziehen! Es kann durchaus sein, dass sich der Interviewer selbst sehr gerne reden hört und deshalb durch seine Weitschweifigkeit das Gespräch sehr in die Länge zieht – oder, dass ihm keine Fragen einfallen und er nicht so genau weiß, was er Ihnen erzählen soll. Dann ist das Gespräch sehr kurz. Je nach zu Grunde liegender Situation ist es in einem solchen Fall vielleicht hilfreich, das Gespräch selbst in die Hand zu nehmen und sehr vorsichtig die Gesprächsführung zu übernehmen.

Das Stressinterview

Eine spezielle Interviewtechnik ist auch das Stressinterview. Ziel ist es, wie beim klassischen Vorstellungsgespräch oder beim standardisierten Interview, mehr über den beruflichen Werdegang sowie über Einstellungen und Zukunftsperspektiven des Bewerbers zu erfahren. Dabei wird jedoch auf bestimmte Techniken zurückgegriffen, die den Bewerber verunsichern, eben stressen sollen.

Die erste Phase wird mit neutralen, fachbezogenen Fragen eröffnet. Hierfür muss nicht unbedingt nur ein Gesprächspartner bereit stehen, häufig sitzt dem Bewerber ein Gremium von mehreren Interviewern gegenüber, dessen Mitglieder sich mit der Befragung abwechseln. Ist diese erste Aufwärmphase abgeschlossen, beginnt das eigentliche Stressinterview.

Welches Ziel verfolgt das Stressinterview?

Durch eine aggressive Befragungsmethode soll die psychische Belastbarkeit des Kandidaten überprüft werden. Als Begründung wird auf das berufliche Umfeld verwiesen, das für jeden Berufstätigen mit viel Unannehmlichkeiten und Belastungen verbunden ist. Nur wer sich in diesem Interview als stressresistent erweist, hat gute Chancen auf Erfolg. Um die Widerstandsfähigkeit des Bewerbers überprüfen zu können, wird durch belastende und verletzende Befragungstechniken ein unangenehmer, stressiger Zustand erzeugt. Ziel ist es, zu überprüfen, ob der Bewerber unruhig wird, die Kontrolle verliert, Emotionen zeigt oder unsachlich argumentiert.

Wie erkenne ich das Stressinterview?

Das Stressinterview wird natürlich nicht angekündigt – dennoch stehen Ihnen als Bewerber verschiedene Möglichkeiten zur Verfügung, innerhalb kürzester Zeit diese Taktik zu erkennen. Voraussetzung dafür ist jedoch, dass Sie sich die typischen Methoden einprägen, die Personalexperten hier anwenden; Sie werden sie im Folgenden kennen lernen.

Welche Merkmale hat das Stressinterview?

Das Stressinterview zeichnet sich durch einen facettenreichen, sehr subtilen Fragestil aus, der aus mehreren Elementen kombiniert wird. Typische Merkmale sind:

- der Fragestil

Der Fragestil in Stressinterviews ist keineswegs kooperativ oder partnerschaftlich. Im Gegenteil, er verdeutlicht von Anfang an die Hierarchie, in der Interviewer und Interviewter stecken. Wenn Sie dies bemerken, seien Sie auf der Hut und vergegenwärtigen Sie sich gedanklich den folgenden Punkt:

- das Gesprächs- und Fragetempo

Typisch ist, dass der Interviewer den Bewerber mit vielen, in rascher Abfolge gestellten Fragen durch das Gespräch hetzt. Er wartet dabei nicht unbedingt auf das Ende einer Antwort, sondern konfrontiert den Bewerber schon beim Ausformulieren seiner Gedanken mit der nächsten Frage oder dem nächsten Punkt. Der Sinn liegt darin, durch die hohe Fragefrequenz den Bewerber in Anspannung zu versetzen und zu vorschnellen, unüberlegten Antworten zu verleiten, damit er dadurch sein „wahres Ich“ präsentiert.

Wie können Sie nun darauf reagieren?

Bleiben Sie ruhig und freundlich, zeigen Sie nicht, wenn Sie unter Stress stehen und antworten Sie beispielsweise wie folgt:

- Welche Frage soll ich nun zuerst beantworten?

- Dies sind jetzt sehr viele Fragen. Ich möchte – wenn es Ihnen recht ist – zunächst einmal auf folgende Frage antworten ...
- Jetzt haben Sie mir mehrere Fragen auf einmal gestellt. Lassen Sie mich am besten mit folgender Antwort beginnen ...

Wie reagiert der Interviewer?

Ihr Gesprächspartner wird darauf folgendermaßen oder ähnlich reagieren:

- Das interessiert uns jetzt überhaupt nicht, dafür haben wir keine Zeit.
- Was denken Sie denn, wir machen hier schließlich die Vorgaben!

Bleiben Sie trotzdem ruhig und gelassen und versuchen Sie, souverän auf die Fragen zu antworten bzw. eben nicht zu antworten.

Welche Frageformen sind typisch?

Offene Fragen werden Sie nur sehr selten in Stressinterviews gestellt bekommen. Der Schwerpunkt liegt eindeutig auf geschlossenen Fragen, Alternativ- oder Suggestivfragen. Man braucht sich gar nicht lange zu fragen, warum das so ist; die Lösung liegt hier auf der Hand: Durch diese Art von Fragen schränkt man die mögliche Antwort bereits stark ein oder beeinflusst sie schon weitgehend.

Rechnen Sie daher damit, dass Sie mit folgenden Frageformen konfrontiert werden:

Checkliste

- Geschlossene Fragen, die nur mit „Ja" oder „Nein" zu beantworten sind: *„Ist es wahr, dass Sie die Regelstudienzeit überschritten haben, weil Sie Ihr Studium haben schleifen lassen? Haben Sie beruflich schon einmal einen Fehler gemacht?"*
- Alternativfragen, die nur die Wahl zwischen zwei Antwortmöglichkeiten lassen: *„Trinken Sie lieber Whiskey oder Wodka? Machen Sie lieber am Abend Überstunden oder kommen Sie lieber am Wochenende in das Unternehmen?"*
- Suggestivfragen, die in der Formulierung bereits die unterstellte Antwort vorwegnehmen: *„Sie möchten doch auch gern schnell Karriere machen, oder? Sie setzen sich doch auch am Wochenende für das Projekt ein?"* Ziel dieser Fragen ist es, zu beobachten und zu hören, ob sich der Bewerber in Widersprüche verstrickt, etwas zu verbergen hat oder in diesem Bewerbungsverfahren nur eine Rolle spielt, die es aufzudecken gilt.
- Persönlicher Angriff, bei dem der Bewerber bewusst attackiert wird: *„Sie wohnen ja in einer hässlichen Gegend, dort möchte ich nicht einmal zu Besuch hin. Und auf diese in Ihrem Lebenslauf dargestellten Leistungen möchten Sie stolz sein?"*
- Unterstellungen, durch die emotional negative Reaktionen hervorgerufen werden sollen: *„Sie scheinen nicht besonders ehrgeizig zu sein, denn sonst hätten Sie es bereits viel weiter gebracht. Sie sprechen nur eine Fremdsprache? "*

Manchmal beziehen sich die Fragen nicht nur auf die eigene Person, sondern auch auf andere Menschen wie z. B. ehemalige Vorgesetzte und Kollegen. Hier heißt es vorsichtig sein! Antworten Sie stets äußerst zurückhaltend und sachlich, auch wenn niemand außer Ihnen selbst das besagte Unternehmen oder dessen Beschäftigte kennt. Negative Bemerkungen über andere fallen bloß auf Sie als Bewerber ungünstig zurück und werfen ein äußerst schlechtes Licht auf Sie. Halten Sie sich in diesem Fall bedeckt und integer!
Grundsätzlich gilt für alle Provokationen:

Checkliste

- Versuchen Sie, unbeeindruckt zu bleiben, auch wenn es Ihnen natürlich schwer fällt!
- Vermeiden Sie es, sich durch ständige Unterbrechungen, lange Schweigepausen oder ständigen Widerspruch aus der Bahn werfen zu lassen!
- Lassen Sie sich nicht irritieren!
- Denken Sie immer daran: Es handelt sich um eine – wenn auch unschöne – Taktik, eine Strategie. Und diese Strategie geht nur dann auf, wenn Sie sich darauf einlassen!

Wie verhalte ich mich in Stressinterviews?

Checkliste

- Versuchen Sie, immer ruhig, freundlich und vor allem gelassen zu bleiben!

- Entschärfen Sie die Stress-Situation durch sachliche Argumente!
- Antworten Sie nicht unüberlegt oder vorschnell!
- Lassen Sie sich nicht provozieren!
- Vermeiden Sie jegliche emotionalen Ausbrüche!
- Gehen Sie nicht auf persönliche Angriffe ein!
- Vertreten Sie Ihre eigene Position und Person so deutlich wie möglich!
- Vermeiden Sie negative Bemerkungen über die ehemalige Firma oder Kollegen!

4.4 Zusammenfassung: Richtiges Verhalten in Bewerbungsgesprächen

Wenn Sie zu einem Bewerbungsgespräch eingeladen werden, haben Sie bisher sehr erfolgreich agiert. Jetzt wäre es schade, wenn Sie sich einfach die Adresse einprägen und unvorbereitet zum vereinbarten Termin erscheinen. Über Folgendes sollten Sie sich im Vorfeld klar werden:

Checkliste

- Wie läuft ein typisches Bewerbungsgespräch ab?
- Welche Fragen werden häufig gestellt und wie können Sie am besten darauf antworten?
- Welche Gesprächstechniken werden typischerweise angewendet?
- Welche Formen von Bewerbungsgesprächen gibt es und wie können Sie diese erkennen?

TIPP

Ziehen Sie nach dem Gespräch kurz Resonanz und überlegen Sie sich, welche Techniken und Formen Ihr Interviewpartner gewählt hat, wie Sie darauf reagiert haben und was Sie vielleicht besser machen könnten.

Folgende Verhaltensweisen sind während eines Vorstellungsgepräches angebracht:

Checkliste

- Hören Sie aufmerksam und gut zu!
- Versuchen Sie, angemessenen Blickkontakt zu halten!
- Beobachten Sie genau, aber vermeiden Sie es, Ihr Gegenüber unangenehm zu mustern!
- Überlegen Sie genau, bevor Sie antworten! Nehmen Sie sich ruhig Zeit dazu!
- Scheuen Sie sich nicht, nachzufragen!
- Reden Sie lieber etwas weniger als zu viel!
- Lassen Sie Ihren Gesprächspartner ausreden und unterbrechen Sie ihn nicht! Warten Sie ab, bleiben Sie auch in einer kleinen Gesprächspause geduldig!
- Seien Sie im Zweifelsfall lieber etwas zurückhaltender als zu forsch!
- Versuchen Sie, auch in prekären Situationen oder in Stressinterviews immer ruhig, gelassen, sachlich und geduldig zu bleiben!

5. Psychologische Eignungstests als Auswahlinstrument

Manche Unternehmen bzw. Personalexperten sind der Meinung, dass das Bewerbungsgespräch als einzige Methode der Personalauswahl nicht ausreicht. Sie setzen zusätzliche schriftliche Testverfahren ein, die oft ein objektiveres Ergebnis versprechen als der persönliche Eindruck. Manchmal muss sich der Bewerber schon *vor* einem Vorstellungsgespräch einem derartigen Test unterziehen, manchmal auch erst danach.

Es gibt verschiedene Gründe, die Personalexperten zu Verfahren dieser Art greifen lassen:

- Das Testergebnis ist unabhängig von subjektiver Beobachtung und Beurteilung. Vor allem weniger geübte Fachleute verlassen sich lieber auf nachprüfbare Daten und Fakten als auf ihre eigene Einschätzung.
- Testergebnisse können die von dem Interviewer im Gespräch gewonnenen Erkenntnisse als falsch ausweisen oder verifizieren.

Dieses Verfahren kann jedoch nur gelingen, wenn die zu Grunde gelegten Testverfahren dem folgenden Anspruch genügen: Die im Gespräch vorgenommenen Einschätzungen eines Bewerbers hinsichtlich seiner Arbeitstechnik, Leistungsfähigkeit und Charakterstärke sollen mit sichtbaren, objektiven und wiederholbaren Ergebnissen untermauert werden. Denn erst durch Testverfahren ist es möglich, verlässliche Daten zu Intelligenzleistungen, Charaktereigenschaften oder Verhaltensdispositionen zu erhalten.

Welche Testverfahren liegen zu Grunde?

Die am häufigsten angewendeten Testverfahren basieren auf mehr oder weniger wissenschaftlichen Konzepten. Dabei sollen gewisse relevante Kriterien durch Messung überprüft und anschließend bewertet werden. Die Bewertung kann dabei prinzipiell auf zwei Arten erfolgen: Entweder liegt ein vorher definierter Maßstab vor, an dem die Testauswertung festgemacht wird, oder die Testergebnisse eines Kandidaten werden mit denen von Mitprüflingen verglichen. Hier gibt es nur relative Ergebnisse.

Welche Eigenschaften werden getestet?

Psychologische Eignungstests prüfen in den wenigsten Fällen nur reine Kenntnisse. Dies ist auch gar nicht notwendig, denn darüber geben meistens die Schul- und Arbeitszeugnisse genügend Auskunft. Die Verfahren testen daher primär die Persönlichkeit des Bewerbers sowie die berufsbezogenen Fähigkeiten und Fertigkeiten. Für Bewerber, die sich in einem Gespräch nicht so überzeugend dargestellt haben oder für Leute, die zwar leistungsfähig sind, aber weniger gute Zeugnisse haben, bieten Tests somit eine Chance, ihre Befähigung unter Beweis zu stellen.

TIPP

Werden Sie als Bewerber mit einem derartigen Test konfrontiert, was allerdings nie ohne Ihre Einwilligung erfolgen kann, sollten Sie sich über die gängigen Testverfahren sowie die wichtigsten Kriterien informieren, die diesem zu Grunde liegen sollten.

5.1 Anforderungen an ein Testverfahren

Ein Testverfahren muss bestimmten Anforderungen genügen, damit auf der Basis der gewonnenen Ergebnisse auch verlässliche Aus- bzw. Vorhersagen getroffen werden können. Diese Anforderungen werden auch als Gütekriterien bezeichnet. Zu ihnen zählen:

- Objektivität:
  Es ist vollkommen egal, wer den Test durchführt, auf die gewonnenen Ergebnisse darf der Prüfer keinen Einfluss nehmen. Konkret bedeutet das, dass seine Meinung und Sichtweise bei der Auswertung des Tests überhaupt nicht ins Gewicht fallen dürfen. Das Gegenteil wäre das subjektive Urteil eines Vorgesetzten, der auf der Basis seines Wissens und seiner Erfahrungen von dem Bewerber einen ganz persönlichen Eindruck gewonnen hat und von daher eine Bewertung des Angestellten vornimmt. Um hingegen ein möglichst hohes Maß an Objektivität zu erreichen, müssen Durchführung, Auswertung und Interpretation des Tests weitgehend standardisiert sein.

- Reliabilität (Messgenauigkeit der Daten):
  Unabhängig davon, welche Merkmale bei einer bestimmten Person gemessen werden, entscheidend ist jeweils, dass der zu Grunde liegende Test die entsprechenden Merkmale genau und zuverlässig misst. Das bedeutet auch, dass bei wiederholter Anwendung des Testverfahrens die Ergebnisse bzw. Daten so ähnlich wie möglich ausfallen sollen. Dies ist oft nicht so ein-

fach. Schwierigkeiten gibt es vor allem bei Merkmalen, die sich im Laufe der Zeit verändern können wie etwa all diejenigen Fähigkeiten, die von einem Menschen durch Lernen und Üben trainiert werden können.

- Validität (Messrichtigkeit bzw. -stimmigkeit der Daten): Eine hohe Validität ist dann gegeben, wenn der Test auch wirklich das Merkmal misst, das er messen soll.

In der Theorie klingen diese Kriterien sicherlich sehr einleuchtend. Die praktische Umsetzung ist jedoch nicht immer einfach. Denn insbesondere die Messbarkeit psychischer Prozesse und seelischer Zustände ist von Haus aus ein schwieriges Unterfangen, da sich diese aufgrund ihrer Unsichtbarkeit der direkten Messung entziehen. Ein anderes Beispiel ist die Intelligenz. Auch hier gibt es kaum absolute Maßstäbe, die zu Grunde gelegt werden können. Leistungs- und Persönlichkeitstestverfahren sind somit nur in der Lage, Momentaufnahmen oder Tendenzen der menschlichen Leistungsfähigkeit sowie der Verhaltensdispositionen aufzuzeigen. Endgültige Aussagen sind dagegen nicht möglich.

Dies lässt sich beispielsweise anhand des Kriteriums der Arbeitseffektivität zeigen. An welchen Faktoren kann man effektives Arbeiten festmachen? Wer bestimmt, auf welche Punkte und Kriterien es hierbei ankommt? Es gibt zwar Indikatoren wie Arbeitstempo oder Gründlichkeit. Doch wählt man Arbeitstempo als Indikator, ergibt sich gleich die nächste Frage: Wie hoch muss das Arbeitstempo tatsächlich sein, damit von einer effektiven Leistung

gesprochen werden kann? Und: Bedeutet schnelles Arbeiten auch gleichzeitig immer gründliches Arbeiten?
Oder – was bedeutet Qualität? Ist Qualität das Erbringen von Bestleistungen und wie lassen sich Bestleistungen messen? Man merkt: Legt man derartige qualitative Beurteilungskriterien an, ist man ganz schnell in einem Bewertungs- und Beurteilungsdilemma, das zudem nicht mehr als objektiv bezeichnet werden kann.
Nachdem Sie nun wissen, welchen Kriterien die verschiedenen Tests genügen sollten, und wie schwierig es ist, diese zu erfüllen, lernen Sie im folgenden Abschnitt die wichtigsten Tests im Überblick kennen.

5.2 Leistungstests

Die Beurteilung von Personen anhand von Leistungstests ist nicht neu. Schon im Jahre 124 vor Christus wurden in China die Mandarine, das waren die höchsten Beamten des Landes, einem Leistungstest unterzogen. Dabei hatte der Test an sich nicht so viel mit ihrer zukünftigen Aufgabe zu tun: Derjenige, der ein Gedicht am besten gestalten konnte oder eine den Anforderungen am besten entsprechende Tuschzeichnung angefertigt hatte, konnte sich auf eine lebenslange einflussreiche Stelle freuen. Erst einige Zeit später, nämlich im 19. Jahrhundert, wurden die ersten Leistungstests als Eignungsprüfung für eine Ausbildung eingesetzt. Sie lagen zunächst in Form von Rechentests vor. Heutzutage werden Leistungstests eingesetzt, um ganz unterschiedliche Leistungen zu messen.

Grob lassen sich drei Kategorien unterscheiden:

- Verfahren, die allgemeine, jedoch auf die Arbeit und die persönliche Leistungsfähigkeit bezogene Merkmale prüfen. Beispiele hierfür sind Konzentration, Ausdauer, Aufmerksamkeit, Sorgfalt und Einsatzbereitschaft. Hierunter fallen der *D2-Test* und der *Pauli-Test*, auf die weiter unten näher eingegangen wird.

- Verfahren, die bestimmte, spezifisch definierte Fähigkeiten – auch motorischer Art – prüfen. Ein Beispiel ist der *Allgemeine Büroarbeits-Test*, der in seinen Testaufgaben kaufmännische Tätigkeiten abprüft.

- Verfahren, die Leistungen der Sinnesorgane testen. Dazu zählen etwa *Seh- und Hörtest*.

Ziel ist es, mit diesen Testverfahren die tatsächliche Arbeitsbefähigung vorherzusagen und damit den zukünftigen Berufserfolg prognostizieren zu können. Um die Testsituation noch näher an die berufliche Realität heranzuführen, wird oft zusätzlich der Faktor Zeit in das Testverfahren eingeführt, sodass der Proband die Aufgaben unter Zeitdruck lösen muss. Damit wird versucht, die tatsächlichen Gegebenheiten im Arbeitsleben möglichst realistisch wiederzugeben.

Es stellt sich nun die Frage, wie mit den Ergebnissen dieser Tests weiter umgegangen wird und wie man etwa den Leistungsfähigsten ermitteln kann. Prinzipiell gibt es zwei Methoden: Entweder werden für die Bestimmung des

Leistungsfähigsten alle Testergebnisse miteinander verglichen und der Beste aller Prüflinge erhält den Zuschlag; oder aber es wird derjenige zum Besten erklärt, der an einer vorher festgelegten, absoluten Skala die jeweils geforderten Werte vorweisen kann.

Leistungstests als Instrument zur Bewerberauswahl haben ihre Vor- und Nachteile. Ein wesentlicher Vorteil ist das objektive Vorgehen mithilfe der Statistik. Dadurch fließen keine persönlichen Neigungen, Abneigungen und Emotionen seitens des Prüfers in das Testergebnis mit ein. Die Entscheidung für einen der infrage kommenden Bewerber gilt dadurch als weitgehend gerecht. Zudem wird der eine oder andere Test nicht selten anforderungsspezifisch eingesetzt. Dies bedeutet, er hat direkt etwas mit der zukünftigen beruflichen Tätigkeit zu tun und ist damit praxisrelevant. So bekommt der Bewerber die Chance, sein fachliches Können schon vorher unter Beweis zu stellen. Kombiniert man die Ergebnisse des Leistungstests mit den Ergebnissen anderer Tests oder Verfahren, zeichnet sich somit ein umfassender Gesamteindruck des Bewerbers ab.

Allerdings wird häufig angemerkt, dass Tests – auch wenn sie noch so realitätsnah gestaltet und durchgeführt werden – doch nur eine Simulation der Realität sein können. Gerade bei Verfahren wie dem Allgemeinen Büroarbeits-Test lässt sich dies zeigen. Die auszuführenden Tätigkeiten sind zwar dem jeweiligen Arbeitsbereich entnommen, doch die Testsituation bleibt bestehen und lässt sich auch nicht modifizieren. Dies ist vor allem für den Kandidaten ein Nachteil. Er steht unter Beobachtung und zum Teil unter einem enormen Zeitdruck; die Situation ist für ihn ungewohnt, und daher schleichen sich manchmal Fehler ein, die ganz eindeutig auf Nervosität oder die Test-Situation zurückzuführen sind.

Unabhängig davon erfreuen sich Leistungstests großer Beliebtheit. Damit Sie sich so optimal wie möglich vorbereiten können, werden einige bedeutende Tests im Folgenden dargestellt. Grob lassen sie sich einordnen in:

- Testverfahren, die allgemeine Leistungsmerkmale messen

und

- Testverfahren, die spezifisch definierte Fähigkeiten messen.

Zu den Testverfahren, die allgemeine Leistungsmerkmale messen, zählen der *D2-* und der *Pauli-Test*.

D2: Konzentrations-Belastbarkeits-Test

Hier soll der Bewerber einen oft mehrere Seiten umfassenden Test unter Zeitdruck lösen. Typische Aufgaben sind z. B., ein ganz bestimmtes Zeichen, eine Zahl oder einen Buchstaben unter vielen ähnlichen herauszusuchen oder einen bestimmten Buchstaben in einem vorgegebenen Text durchzustreichen. Der Bewerber soll zeigen, wie sicher er Details erkennen und unterscheiden kann. Mit derartigen Aufgaben werden das Arbeitsverhalten im Allgemeinen sowie Tempo, Sorgfalt und Gleichmäßigkeit des Arbeitens im Besonderen getestet.

a) Wie oft ist in den folgenden Zeilen der Buchstabe n vorhanden?
nmmmmunmmmmummnummmnmmummnmuu-ummmmummnmmmmmummmmnummmm-nummmummmnummm

b) Wie oft ist das q vorhanden?
pbqddppqqdpqdpdbdpqdbppppqdbbbdqddddbb
pppqqqdddbbbpppqqqddddbbbbppppdddpddqb
bbbddqqqbbpddbbqqd

c) Streichen Sie in diesen Zeilen das b!
BdPaskeobjelnbWweidechbiekd,bhsodknt-wokdbljhsöldfkogobblskendigbhQauvje,Pfnhbi9epbj
nmskieobhjeskwosbjeksb

Und – wie ist es Ihnen ergangen?

Pauli-Test

Der *Pauli-Test* gilt als reiner Konzentrationstest. Er prüft die Ausdauer und den Leistungsverlauf bei einer zeitlich begrenzten Aufgabe. Ein Beispiel ist die Addition von Zahlenkolonnen. Etwaige Ermüdungserscheinungen und ein Abfallen der Leistungskurve sollen Aufschluss über die allgemeine psychische Leistungsfähigkeit geben.
Zu den Testverfahren, die spezifisch definierte Fähigkeiten messen, zählen der *Mechanisch-Technische-Verständnis-Test*, der *Allgemeine Büroarbeits-Test* und die *Prüfung des Allgemeinwissens*.

MTVT: Mechanisch-Technischer-Verständnis-Test

Dieser Test umfasst eine Reihe von Aufgaben, die sich auf die praktische Intelligenz beziehen. Der Kandidat bekommt dabei insgesamt 32 Aufgaben vorgelegt, die allesamt aus Zeichnungen bestehen. Diese gezeichneten Übungen stellen handwerkliche Gerätschaften, physikalische Vorgänge oder technische Vorrichtungen dar, deren Funktionsweise der Kandidat bestimmen soll. Beispiele sind etwa Zeichnungen von komplexen Flaschenzug-Vorrichtungen, in denen dann die entsprechenden Drehbewegungen oder Hebel- und Ziehvorrichtungen erkannt werden sollen. Vorrangiges Ziel ist es, das technische Verständnis zu testen.

Sie sehen die Darstellung eines Brettes auf drei Auflagespitzen. Links ist ein Gewicht, rechts der Druckpunkt zum Anheben. Bei welchem Auflagepunkt ist das Gewicht am leichtesten anzuheben?

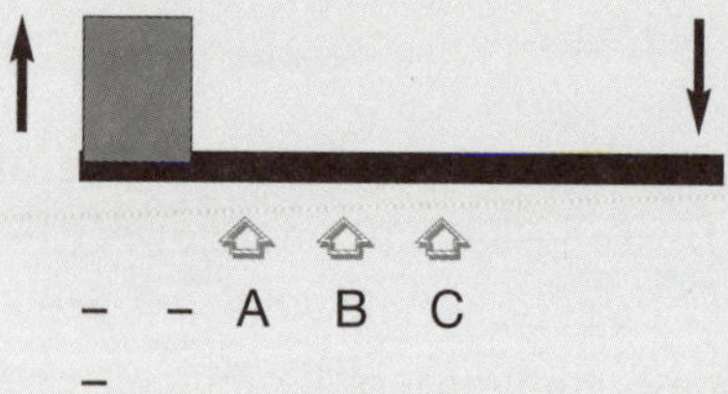

ABAT: Allgemeiner Büroarbeits-Test

Der *ABAT*, auch *B-T* genannt, prüft anhand von sechs Aufgabenkategorien praktisch-kaufmännische Fähigkeiten, die z. B. bei der Erledigung von Büroarbeiten benötigt werden. Gute Ergebnisse weisen dabei auf Organisationsgeschick, Einfallsreichtum und allgemeines Interesse am Verwalten und Organisieren im Büro hin.

Typische Aufgabenarten sind das Sortieren von Karteikarten, das Vergleichen von Adressen, das Prüfen von Summen, das Lösen von Textaufgaben, das Korrigieren von Texten nach der Rechtschreibung, die Prüfung der Zeichensetzung oder das Entwerfen von Standard-Briefen.

Prüfung des Allgemeinwissens

Für spezielle Berufe – z. B. im Medienbereich bei der Aufnahmeprüfung zu einer Journalisten- oder Redakteurstätigkeit – aber auch im Rahmen eines Assesment-Centers sind derartige Tests nichts Ungewöhnliches. Die gängige Methode ist die Überprüfung der Allgemeinbildung auf der Basis eines Multiple-Choice-Tests. Bei diesem Verfahren muss man innerhalb einer begrenzten Zeitspanne pro Frage aus verschiedenen Antworten eine oder mehrere richtige auswählen und ankreuzen. Dadurch wird verhindert, dass der Kandidat länger nachdenkt oder den Test nochmals durchsieht.

TIPP

Die vorgegebene Zeit ist meist sehr knapp bemessen. Ziel ist nämlich, das schnell abrufbare, fest im Gedächtnis verankerte Wissen zu testen. Die Fragen beziehen sich dabei auf verschiedene Themengebiete wie Biologie, Chemie, Physik, Geografie, Geschichte, Kunst, Literatur, Musik, Politik, Sport und Wirtschaft.

Die Fragen kommen meist aus den folgenden Bereichen:

Aus dem Themenfeld *Politik* findet man meist Fragen, die das staatliche System der Bundesrepublik oder internationale Institutionen betreffen. Hinzu kommen Fragen zur aktuellen Tagespolitik:

- Wer wählt in der Bundesrepublik Deutschland den Bundeskanzler?
- Wie heißt der UN-Generalsekretär?
- Welche Funktionen hat das Europa-Parlament und wie setzt es sich zusammen?

Sie werden sich jetzt vielleicht fragen, wie man sich auf derartige Aufgaben gezielt vorbereiten kann. Regelmäßiges Zeitunglesen ist sicher eine sehr sinnvolle Methode, sein Allgemeinwissen auf diesem und anderen Sektoren aufzufrischen und zu erweitern.

Aus dem Bereich der *Wirtschaft* werden gerne betriebs- oder volkswirtschaftliche Kenntnisse abgefragt. So sollen etwa bestimmte Begriffe aus dem Wirtschaftssektor oder dem Bankwesen erläutert werden. Beispiele sind:

- Erklären Sie den Lombardsatz!
- Was steckt hinter dem magischen Viereck?

In der *Geografie* finden sich häufig Fragen nach Hauptstädten, Flüssen oder bestehenden bzw. aufgehobenen Ländergrenzen:

- In welches Meer mündet die Elbe?
- An welchem Fluss liegt Rom?
- In welchem Land liegt das Atlasgebirge?

Werden Fragen aus der *Literatur* gestellt, beziehen sie sich meistens auf Autoren und ihre Werke:

- Wer schrieb „Das Glasperlenspiel"?
- Welchem deutschen Schriftsteller wurde der Nobelpreis für Literatur verliehen?

Im *Sport* dominieren Fragen zu Sportereignissen, zu bekannten Sportlern und Medaillengewinnern, zu Trainern und Mannschaften:

- In welchem Land werden die nächsten olympischen Sommerspiele ausgetragen?
- Wer ist der Trainer der deutschen Fußballnationalmannschaft?

Aus der *Musik* kommen Fragen zur klassischen Musik oder auch zur aktuellen Unterhaltungsmusik:

- Wer komponierte die Oper „AIDA"?
- Aus welchen Opern besteht Wagners „Ring der Nibelungen"?
- Nennen Sie die Namen von zwei Boygroups!

Kenntnisse in der *Biologie* werden mit Fragen zur Humanbiologie und zur Flora und Fauna abgefragt:

- In welchem Organ des Menschen wird das Blut mit Sauerstoff angereichert?
- Wie heißt das größte lebende Säugetier?

In der *Chemie* werden gerne chemische Formeln und Vorgänge abgefragt:

- Wie heißt die chemische Formel für Wasser?
- Wodurch können Säuren neutralisiert werden?

Aus dem Bereich der *Kunst* stammen Fragen zu bildenden Künstlern und ihren Werken. Beispiele sind:
- Welcher italienische Maler der Renaissance war gleichzeitig Erfinder und Mathematiker?
- Wer malte das Bild „Der arme Poet"?

Auf dem Gebiet der *Geschichte* werden gerne Daten, Personen und Ereignisse der Weltgeschichte abgefragt:
- Wann begann und wann endete der 1. Weltkrieg?
- Wann wurde das Grundgesetz der Bundesrepublik Deutschland verabschiedet?
- Wann war die deutsche Wiedervereinigung?

TIPP

Darüber hinaus werden gerne auch aktuelle Tagesgeschehnisse und gesellschaftliche Ereignisse abgefragt. Möglich sind z. B. Fragen nach Politikern oder auch nach bestimmten Katastrophen. Auch Scherzfragen sind nicht auszuschließen.

Je nach der zu besetzender Position variiert der Schwierigkeitsgrad der gestellten Fragen. In den meisten Tests findet sich jedoch eine Mischung aus einfachen und komplizierteren Fragen. Der Auswertungsschlüssel wird entweder vorab festgelegt oder bei der Durchsicht der Antworten in Abhängigkeit von den Ergebnissen der anderen Prüflinge endgültig beschlossen. Haben beispielsweise alle Bewerber verhältnismäßig gut abgeschnitten, wird der Bewertungsschlüssel durch den höheren Wissens-Level entsprechend höher angelegt.

TIPP

Sie sollten bedenken, dass Tests zum Allgemeinwissen neben der reinen Abfrage oft noch eine zweite Funktion besitzen. Gerne wird im Zuge derartiger Tests beobachtet, wie sich die Testpersonen in der angespannten Situation verhalten.

Die beobachtenden Personen interessiert z. B.:

Checkliste

- wie konzentriert, nervös oder unsicher die Testperson ist,
- ob sich der Bewerber von seinem Umfeld ablenken lässt, etwa von Verkehrsgeräuschen oder auch von der hörbaren Unruhe der Mitbewerber, wenn der Test mit mehreren Personen gleichzeitig durchgeführt wird,
- inwieweit sich ein Kandidat von dem Verhalten und den sichtbaren Reaktionen des Beobachters ablenken lässt,
- wie die Bearbeitung der Testunterlagen aussieht: Hält sich die Testperson an die Abfolge der Aufgaben und bearbeitet diese stringent von der ersten bis zur letzten Seite? Bleibt sie stur an einer Frage hängen? Oder blättert sie mehrmals zwischen den Fragen hin und her und löst die Aufgaben eher sprunghaft?
- ob ein Bewerber insgesamt die Ruhe und scheinbar einen kühlen Kopf bewahrt.

5.3 Intelligenztests

Während Leistungstests genau definierte Leistungen in bestimmten Situationen verfolgen und beobachten, geht es bei Intelligenztests um die Prüfung der vorhandenen Intelligenz. Dies ist nicht ganz einfach, denn eine objektive, allgemein gültige Festlegung, was Intelligenz ist, welche Faktoren sie belegen und durch welche Kriterien sie messbar ist, gibt es nicht. Es existieren einige Ansätze und Definitionen, die aber nur Teilaspekte ansprechen und damit für Tests nicht infrage kommen. So wird beispielsweise behauptet, Intelligenz sei die Fähigkeit, logisch zu denken oder aber die Fähigkeit, sich der jeweiligen Umgebung anzupassen. Andere behaupten, Intelligenz sei die Fähigkeit, Probleme zu strukturieren und zu lösen sowie sein Wissen zu formulieren und entsprechend umzusetzen.

TIPP

Intelligenz ist vielleicht besser beschreibbar als eine Ansammlung und Kombination von Fähigkeiten, die es dem Menschen erlauben, schulische, berufliche und auch alltägliche Aufgaben besser zu bewältigen. So verstanden zeichnen sich intelligente Leistungen vor allem durch zwei Faktoren aus:

- die Problemerfassung, also das Erkennen eines Problems
- die Problemlösung, also das Ergänzen und das Weiterführen der erforderlichen Schritte bis zur weitgehenden Vollendung der Lösung

Unabhängig davon gibt es unterschiedliche Formen der Begabung: die intellektuelle, die verstandesmäßige und die praktische Begabung. Sie werden jeweils in den verschiedenen zahlreichen Varianten von Intelligenztests berücksichtigt, die entweder mehr den einen oder mehr den anderen Faktor in den Vordergrund stellen. Prinzipiell sind drei Formen zu unterscheiden: rein sprachliche Tests, sprachfreie Tests und gemischte Aufgaben.
Durch ihre Anwendung sollen vor allem folgende Fähigkeiten untersucht werden, die in der Intelligenzforschung als Primärfaktoren bezeichnet werden:

Sprachliches Ausdrucksvermögen

Der sprachliche Ausdruck und die Sprachfertigkeit werden überprüft, indem sinnverwandte Begriffe gesammelt oder Bilderrätsel gelöst werden.

Begriffslogik und Zahlenverständnis

Sie geben Hinweise auf die Fähigkeit des schlussfolgernden Denkens, das in der Psychologie auch Urteilsbildung genannt wird.
Bei der Begriffslogik wird z. B. nach verschiedenen logischen Funktionen gefragt:

- nach dem verbalen Oberbegriff für verschiedene Wörter
- nach Entsprechungen und Verhältnissen (z. B. der Wald verhält sich zu Bäumen wie die Wiese zu ... – hier wird eine Auswahl von etwa fünf Wörtern vorgegeben: Heu, Gräser, Futter, Grün, Weide)
- nach Ähnlichkeiten innerhalb einer Begriffsgruppe. Hierbei muss der Bewerber dasjenige Wort herausfinden, das nicht zu einer Gruppe passt.

Beispiel: a) Tisch, Stuhl, Stehlampe, Truhe, Bett;
b) sitzen, stehen, liegen, knien, gehen

Ähnliches gilt für das Kriterium *Zahlenverständnis*. Hier kommt es nicht auf die Rechenfähigkeit an, sondern auf den logisch-abstrakten Umgang mit Zahlen. Aufgabe ist es, die nach bestimmten Regeln aufgestellten Zahlenreihen richtig und sinnvoll zu ergänzen. Damit dies geht, müssen bestimmte, den Zahlenergänzungsreihen zu Grunde liegende Muster erkannt werden:
4, 11, 17, 22, 26, 29, 31?
oder
1, 3, 5, 7, 11?

Gestaltwahrnehmung bzw. Umwelterfassung

Zu den typischen intelligenten menschlichen Denkleistungen zählt die der ganzheitlichen Wahrnehmung. Hier kommt es auf die Fähigkeit an, auch dort etwas zu sehen, wo andere nichts erkennen können. Es ist also ein weites Blickfeld gefragt. Ein typisches Beispiel ist die Fähigkeit, in dem Muster so genannter Mosaikbilder eine Figur zu erkennen.

Gedächtnis

Der Bewerber soll abstrakte oder auch konkrete Figuren und Muster kurz betrachten und diese dann in einem anderen Zusammenhang wiedererkennen bzw. aus dem Gedächtnis reproduzieren. Dadurch soll getestet werden, ob der Bewerber in der Lage ist, Informationsmaterial jeglicher Art zu speichern, um es dann zu gegebener Zeit eventuell auch in einem anderen, neuen Kontext wiederzugeben bzw. aufzubereiten. Häufig wird die Testperson gebeten, mehrere ähnliche Figuren zu betrachten; nach einer bestimmten Zeit werden sie ihr in einer anderen Reihenfolge und in einem anderen Kontext (z. B. anders schraffiert oder anders nummeriert) erneut gezeigt. Getestet wird, ob der Bewerber in der Lage ist, die Figuren wiederzuerkennen.

Räumliches Vorstellungsvermögen

Das räumliche Vorstellungsvermögen wird häufig auf der Basis dreidimensionaler Gebilde getestet, die in den räumlichen Kontext eingebunden sind. So wird etwa ein aufgeklappter Würfel oder eine aufgeklappte Pyramide gezeigt, und der Bewerber soll erkennen, worum es sich dabei handelt. Durch derartige Verfahren kann angeblich getestet werden, inwieweit der Bewerber in der Lage ist, geistige Ordnung zu schaffen und zu bewahren.

Praktisch-technische Begabung

Hier geht es um die praktische Seite der Intelligenz. Anhand von verschiedenen Zeichnungen zu technischen Vorrichtungen und deren Funktionsweisen soll die Fähigkeit untersucht werden, Wirkungszusammenhänge zu erkennen bzw. logisch zu erschließen.

Dem Bewerber werden zwei Skizzen vorgelegt, auf denen zwei Glühbirnen von einer Batterie mit Strom versorgt werden. Die eine Skizze zeigt die Parallelschaltung, die andere die Reihenschaltung. Bei welcher Schaltung brennt die Glühbirnen heller?

Ausdauer

Intelligenz zeichnet sich auch durch Konzentration, Ausdauer und Beharrlichkeit bei der Bewältigung und Lösung von Aufgaben und Tätigkeiten aus. Daher wird die Ausdauer gerne getestet.

In vielen Fällen wird dem Bewerber eine bestimmte Anzahl von fast identischen Figuren vorgelegt. Er soll eine oder mehrere von diesen, die nicht in die Reihe passen, durchstreichen. Da die zu Grunde liegenden Figuren mehr oder weniger gleich aussehen, sind für die Lösung der Aufgabe ein bestimmtes Konzentrationsvermögen sowie ein ruhiges Auge erforderlich.

Geschicklichkeit

Als zwei weitere kennzeichnende Faktoren für die Intelligenz gelten Geschicklichkeit und manuelle Fertigkeiten. Hier soll der Bewerber sozusagen basteln; etwa mit den eigenen Händen eine bestimmte Figur aus dem Gedächtnis oder nach Anleitung neu aufbauen bzw. nachbauen. Ein typisches Beispiel für diese Art von Aufgabe ist die japanische Papierfaltkunst Origami.

Nun haben Sie bereits eine Reihe von Tests kennen gelernt und feststellen können, dass die Intelligenz eines Menschen dabei meist in einzelne Bestandteile zerlegt und jeder Faktor anhand von unterschiedlichen Übungen gemessen wird.

TIPP

Sie sollten immer bedenken, dass all diese Tests nicht nur die intellektuelle Beweglichkeit prüfen, sondern auch die Schnelligkeit, d. h. die Fähigkeit, in relativ kurzer Zeit einen Katalog von unterschiedlichen Aufgaben zu lösen. Somit stellt der Zeitfaktor ein weiteres Merkmal der Intelligenzleistung dar.

Werden die verschiedenen Intelligenztests bewertet, ergibt sich der so genannte *Intelligenzquotient (IQ)*. Er wurde erstmalig Anfang des 20. Jahrhunderts von zwei Psychologen bei Kindern ermittelt. Ziel war es, auf der Basis dieses Tests zu entscheiden, welche Schule die Kinder besuchen können. Seitdem gilt der Intelligenzquotient als Maß für die Höhe der allgemeinen menschlichen Intelligenz. Dabei liegt ihm ein theoretischer Mittelwert von 100 zu Grunde, der an der Gesamtbevölkerung ausgerichtet ist. An diesem Mittelwert orientiert sich der IQ, der somit vor allem darüber Auskunft gibt, ob und wie weit man mit seiner Intelligenzleistung vom Durchschnitt abweicht.
Sowohl der Intelligenzquotient als auch die herkömmlichen Intelligenztests werden aus wissenschaftlicher Sicht sehr kritisch betrachtet. Denn so lange unklar ist, aus wie vielen und aus welchen Teilen sich die Intelligenz zusammensetzt, ist es schwierig, allgemein gültige Tests zu Grunde zu legen und auf der Basis dieser Ergebnisse einen aussagekräftigen IQ zu ermitteln. Aus diesem Grund ging man immer mehr dazu über, die Intelligenz in einem Profil zum Ausdruck zu bringen und zu messen.

In dieses Intelligenzprofil werden die Ergebnisse aus den einzelnen Faktoren eingetragen und es wird sehr deutlich, wo die Stärken und Schwächen des jeweiligen Testkandidaten liegen.
So zeigt ein Intelligenzprofil als Ergebnis eines Intelligenztests auf einen Blick, wo die Stärken und Schwächen des Testkandidaten liegen, was im Hinblick auf die Berufseignung eine viel aussagekräftigere Information darstellt als die reine Ermittlung des IQs. Zeigt ein Intelligenzprofil bei einem bestimmten Bewerber beispielsweise relativ hohe Werte bei der sprachlichen Gewandtheit, aber geringere Werte bei rechnerisch-logischen Aufgaben, so ergeben sich hieraus konkrete Hinweise für zukünftige Einsatzfelder dieses Bewerbers.
Doch auch die mithilfe eines Intelligenzprofils ermittelten Einzelwerte sind nicht ganz unproblematisch. Denn es stellt sich die Frage, was eigentlich konkret gemessen wird. Sind es die verschiedenen Formen der Intelligenz wie z. B. Sprachgefühl, räumliches Denken und mathematisches Verständnis? Oder wird lediglich die Fähigkeit gemessen, bestimmte Intelligenzaufgaben innerhalb kürzester Zeit präzise zu lösen?

TIPP

Auch wenn Intelligenztests und ihre Auswertungen immer mit Vorbehalt betrachtet werden sollten, ist es als Bewerber wichtig, sich mit ihnen näher auseinanderzusetzen und sich darauf vorzubereiten. Denn sie sind nicht selten ein wichtiger Bestandteil von Vorstellungsgesprächen.

Im Folgenden werden die wichtigsten Intelligenztests kurz vorgestellt:

Intelligenz-Struktur-Test (I-S-T)

Der *I-S-T* besteht aus neun Aufgabengruppen, die die verschiedenen Dimensionen der Intelligenz widerspiegeln sollen. Sämtliche Aufgaben dieser Dimensionen sind am Arbeitsplatz mit Papier und Bleistift zu lösen. Die Ergebnisse lassen auf die intellektuelle Struktur des Menschen schließen. Aufgrund der einfachen Handhabung eignet sich der *I-S-T* gut für Gruppentests und wird daher auch gerne in der Berufsberatung oder bei Eignungsprüfungen eingesetzt.

Bei den neun Dimensionen handelt es sich um:

- allgemeines Vorstellungsvermögen
- räumliches Vorstellungsvermögen
- Kombinationsfähigkeit
- Merkfähigkeit
- Abstraktionsvermögen
- praktisch-rechnerische Fähigkeiten
- induktives Denken mit Zahlen
- Sprachgefühl
- Urteilsbildung

Hamburg-Wechsler-Intelligenztest

Ein anderer Intelligenztest, der schon seit den 50er-Jahren besteht, misst die Intelligenz von Kindern und Erwachsenen und versucht, auf eventuell vorhandene Begabungen und Talente hinzuweisen. Der *Wechsler-Test* besteht aus einem Verbal- und einem Handlungsteil. Im Verbalteil finden sich folgende Fragetypen:

- Allgemeine Wissensfragen zu Kunst und Literatur, Politik und Wissenschaften mit unterschiedlichen Schwierigkeitsgraden
- Verständnisfragen, die ausführliche Erläuterungen verlangen
- Rechen- und Logikaufgaben

Der Handlungsteil enthält Aufgaben, die auf der Basis des jeweiligen Zubehörs gelöst werden müssen, wie z. B. das Legen von Figuren mit einfachen Puzzleteilchen oder das Ordnen von Bildern. Ein konkretes Beispiel hierfür ist die Aufgabe, eine Bildergeschichte durch Umschichten der Bildchen in eine sinnvolle Reihenfolge zu bringen.

Wilde-Intelligenz-Test

Ausgangspunkt für diesen Test ist die Prämisse, dass sich Intelligenz aus einer Summe von Einzelfaktoren und -fähigkeiten zusammensetzt, deren genaue Anzahl nicht feststeht. Daher arbeitet dieser Test mit insgesamt 15 Untertests. Dabei sollen sieben intellektuelle Fähigkeiten geprüft werden:

- Merkfähigkeit und Gedächtnis
- Redegewandtheit
- Wortverständnis und sprachgebundenes Denken
- Räumliches Vorstellungsvermögen
- Rechenverständnis
- Wahrnehmungsgenauigkeit und -tempo
- Logisches und schlussfolgerndes Denken

Neben diesen typischen Intelligenztests gibt es noch eine Vielzahl weiterer Verfahren, mit denen jeweils ganz spezielle Dimensionen der Intelligenz gemessen werden sollen. Zu ihnen zählen die folgenden drei Testverfahren.

Logiktests

Ziel ist es, logisches und schlussfolgerndes Denken zu überprüfen. Typische Aufgaben sind:

- sinnvolles Ergänzen von Figuren und Symbolen
- Ergänzen von Zahlen- und Buchstabenreihen
- Schlussfolgerungen ziehen nach den Gesetzen der Logik, indem z. B. das Verhältnis von konkreten und abstrakten Begriffen hergestellt werden soll wie etwa bei der folgenden Aufgabe:
  Wenn sich a zu b verhält, dann muss sich c zu a verhalten ...

Leistungs-Konzentrations-Tests

Hier geht es darum, die Leistungsfähigkeit in angespannten, erhöhte Konzentration fordernden Situationen zu testen. Im Mittelpunkt stehen dabei in den meisten Fällen Rechenaufgaben:

- das Addieren und Multiplizieren von Zahlenkolonnen
- Kettenaufgaben, die Multiplizieren, Dividieren, Addieren und Subtrahieren miteinander kombinieren
- das Erkennen von Unterschieden und Ähnlichkeiten (z. B. bei Bildern, Symbolen, Figuren und Zahlen)

Problemlösungstests

Mit ihnen soll die Fähigkeit des Bewerbers getestet werden, Probleme zu erkennen und Strategien zu ihrer Lösung zu entwickeln. Sie werden mitunter auch im Rahmen von Assessment-Centern eingesetzt. Hier soll der

Bewerber zeigen, wie gut er in der Lage ist, ein Problem oder eine bestimmte Situation mit akutem Handlungsbedarf zu erkennen, neue und kreative Lösungen vorzuschlagen sowie Entscheidungs- und Entschlusskraft zu signalisieren. Die zu Grunde liegenden Problemstellungen können sich auf ganz konkrete berufliche Situationen oder auf allgemeine Aufgabenbereiche beziehen. Dabei wird auch untersucht, ob und inwieweit der Bewerber über sein zukünftiges Aufgabengebiet und mögliche auf ihn zukommende Konflikte Bescheid weiß und wie er sich ganz allgemein in einer bestimmten Situation zurechtfindet.

Die Tests enthalten meist Übungen, die die Kreativität herausfordern:

Stellen Sie sich vor, Sie kommen am frühen Morgen in Paris an, haben den ganzen Tag Zeit, sich in der Stadt aufzuhalten, aber nur 10 € in der Tasche. Was tun Sie?

Häufig findet man auch Übungen zum Test der subjektiven Entscheidungsfindung oder der Konsensbildung:

Sie befinden sich als Mitglied einer Kleingruppe auf einer Sahara-Expedition und haben sich verirrt. Der arabische Führer und der Expeditionsleiter, die sich auf die Suche nach einer Oase gemacht haben, sind mittlerweile schon längst überfällig.

Sie sollen als Einzelkandidat eine Lösung anstreben und dafür sorgen, dass in der Gruppe einstimmig beschlossen wird, wie man jetzt konkret vorgeht. An diesem Test lässt sich gut die Fähigkeit zur selbstständigen Entscheidungsfindung auf der einen Seite und diejenige zur Konsensbildung in der Gruppe auf der anderen Seite beobachten.

TIPP

Zum Thema Intelligenz- und Leistungstests gibt es mittlerweile zahlreiche Arbeitsbücher, anhand derer Sie sich als Bewerber zu den einzelnen Testrubriken mithilfe vieler praktischer Übungen gut vorbereiten können. Es hilft zwar im Allgemeinen nicht viel, die Aufgaben auswendig zu lernen, denn es kommt nur bei vereinzelten Tests darauf an, reines Wissen zu präsentieren. Meist müssen Sie ganz spontan auf die jeweilige Aufgabe reagieren. Durchaus sinnvoll ist es aber dennoch, die Aufgaben in den Arbeitsbüchern immer wieder durchzugehen, um darin Routine zu entwickeln und sich vor allem mit der Testsituation vertraut zu machen.

Wie geht man aber als Bewerber am besten mit einem der zahlreichen Leistungs- und Intelligenztests um?

Checkliste

- Bereiten Sie sich möglichst gut vor! Lösen Sie Denksport- und Logikaufgaben, frischen Sie Ihre Schulkenntnisse in der Mathematik auf, lesen Sie Tageszeitungen, halten Sie sich auf einem aktuellen Informationsstand und studieren Sie ruhig auch einmal Atlanten oder Geschichtsbücher!
- Informieren Sie sich bei Bekannten, die vielleicht schon einmal derartige Tests absolvieren mussten!
- Gehen Sie ausgeruht und ausgeschlafen in den Test und lernen Sie nicht bis in die frühen Morgenstunden potenzielle Fragen auswendig!
- Schauen Sie sich die Aufgaben in Ruhe an!
- Gehen Sie konzentriert und systematisch vor!
- Lassen Sie sich nicht ablenken!
- Schauen Sie genau hin!
- Versuchen Sie, das Prinzip bzw. die zu Grunde liegende Struktur der jeweiligen Aufgabe zu erkennen!
- Versuchen Sie trotz Zeitdruck, eine Aufgabe nicht nur schnell, sondern auch präzise zu lösen!

5.4 Persönlichkeitstests

Manchmal genügen den Personalfachleuten weder das beobachtete Verhalten noch die Ergebnisse aus diversen Leistungs- oder Intelligenztests. Zusätzlich soll die Persönlichkeitsstruktur geprüft und sichtbar gemacht werden. Dies gilt insbesondere für Führungskräfte; denn wer einen gut dotierten und verantwortungsvollen Posten anstrebt, muss auch ein Stück weit sein Innenleben offen legen. In diesem Fall muss sich der Bewerber einem Persönlichkeitstest unterziehen.

Diese Tests, die vielfach der klinischen Psychologie entnommen wurden, arbeiten zum Teil mit für den Bewerber ziemlich heiklen Fragen. Sie beziehen sich auf seine persönlichen Erlebnisse, Erfahrungen und Empfindungen und dürfen daher nur mit ausdrücklicher Genehmigung des Bewerbers durchgeführt werden. Zudem sollten die zu Grunde liegenden Kriterien einen direkten Bezug zu der später auszuübenden Tätigkeit besitzen.

Die meisten Testverfahren basieren auf vier Persönlichkeitsmerkmalen, nach denen die Testergebnisse, d. h. die Antworten oder Verhaltensweisen des Bewerbers analysiert, kategorisiert und eingeordnet werden:

- emotionale Stabilität
- Leistungsbereitschaft
- Kontaktfähigkeit
- Geschlechtsidentität

Jedem dieser vier Punkte werden typische Einstellungen und Zustände zugewiesen, die von Psychologen festgelegt und definiert wurden. Sie werden anhand von meist zweipoligen Skalen abgefragt. Je mehr Fragen die Testperson zu einem bestimmten Persönlichkeitsmerkmal entsprechend beantwortet, desto eher kann man ihr die jeweilige Eigenschaft zuweisen. Antwortet die Testperson dagegen überwiegend in entgegengesetzter Richtung, wird ihr die gegenteilige Eigenschaft zugesprochen.

Dazwischen gibt es je nach Bewertungsschema unterschiedliche Abstufungen.

Emotionale Stabilität:

Unter *emotionaler Stabilität* werden verstanden:

- geistige und körperliche Gesundheit. Folgende Merkmale sind relevant:
  - körperliche Konstitution (Fitness)
  - keine Stresssymptome wie Nervosität, Kopfschmerzen oder Migräne
  - keine Ein- oder Durchschlafprobleme
- Lebenseinstellung:
  - ausgeglichenes Naturell
  - nicht launisch, mürrisch, grüblerisch oder schwermütig
- Selbstvertrauen:
  - gesundes Selbstvertrauen, keine Minderwertigkeitsgefühle
  - offener, zufriedener Charakter
  - nicht perfektionistisch oder pedantisch
  - tolerant und humorvoll
- Realitätsnähe:
  - wohl überlegtes Handeln
  - keine Tragträumereien

Um diese Eigenschaften abfragen zu können, werden zu jeder von ihnen einzelne Fragen entwickelt bzw. Aussagen formuliert, zu denen der Bewerber dann jeweils Stellung nehmen soll. Dabei stehen jeder Frage meistens drei verschiedene Antwortmöglichkeiten zur Verfügung: *häufig, gelegentlich, nie*. Die Antworten werden auf einer Skala eingetragen.

Anhand vorher festgelegter Annahmen – bestimmte Verhaltensweisen sind typisch für einen bestimmten Charakter – ergibt sich daraus ein Persönlichkeitsbild. So wird beispielsweise angenommen, dass ein eher neurotischer Charakter Schlafprobleme hat, worin sich die für diesen Typus bekannte innere Unruhe äußern soll. Dagegen hätte ein gelassener, stabiler Mensch keinerlei Probleme mit dem Schlaf.

Typische Fragen wären daher: *„Vor dem Einschlafen grüble ich noch lange über berufliche Probleme und wache in der Nacht sehr häufig auf." Inwieweit trifft diese Aussage auf Sie zu?*

Leistungsbereitschaft:
Im Rahmen der *Leistungsbereitschaft* wird getestet, welchen Stellenwert Arbeit im Leben des Bewerbers hat und wie er dem Leistungsverhalten gegenüber generell, also etwa bei Wettkämpfen oder in Prüfungssituationen jeglicher Art, eingestellt ist.

Leistungsbereitschaft zeichnet sich dabei durch die im Folgenden aufgeführten Merkmale/Eigenschaften aus:

- Konzentration:
  - sich nicht ablenken lassen
  - Arbeiten werden nicht aufgeschoben, sondern zügig zum Abschluss gebracht.
- Organisation:
  - Aufgaben werden sorgfältig geplant und durchgeführt.
  - Ziele werden mit Entschlossenheit verwirklicht.
- Ehrgeiz:
  - Streben nach Erfolg
  - Orientierung an den Erfolgen anderer
  - Spaß daran, im Wettkampf sein Bestes zu geben
  - gründliche Vorbereitung auf Prüfungen
- Freizeit:
  - Freizeitvergnügungen kommen erst dann an die Reihe, wenn die Arbeit getan ist.
  - Auch im Urlaub denkt man an die Arbeit und legt Wert darauf, ständig erreichbar zu sein.

Kontaktfähigkeit:

Kontaktfähigkeit bezieht sich auf den zwischenmenschlichen Austausch und das dabei zu Grunde liegende Selbstwertgefühl und Selbstbewusstsein.
Getestet wird diese Eigenschaft meistens anhand der folgenden Kriterien:

- Risikobereitschaft und Optimismus:
  - positive Lebenseinstellung
  - gute Laune, auch in schwierigen Situationen
- Starkes Selbstbewusstsein:
  - Selbsteinschätzung als erfolgreich und gut
  - Durchsetzungsvermögen
- Geselligkeit:
  - großer Freundes- und Bekanntenkreis
  - keine Schwierigkeiten beim Kennenlernen neuer Leute
  - Freude am Ausgehen
- Selbstdarstellung:
  - keine besonderen Schwierigkeiten mit dem Sprechen vor größeren Gruppen
  - Bereitschaft, Führungsverantwortung zu übernehmen

Geschlechtsidentität:
In diesem Fall wird der Bewerber auf typisch weibliche bzw. typisch männliche Verhaltensmuster getestet. Als typisch männlich gelten etwa folgende Eigenschaften:

- Sportlichkeit: Interesse am Extremsport und nicht am Tanzen oder Ähnlichem

- Mut:
  - keine Angst, lässt sich nicht schnell erschrecken, ist nicht zimperlich
  - Der Anblick von Blut oder Ähnlichem ist kein Problem.
  - kein Ekel vor Spinnen, Schlangen oder vor sonstigen Tieren

- Männlichkeit:
  - Vorliebe für Actionfilme, nicht für Romanzen
  - technische Berufe werden musischen Berufen vorgezogen
  - Sach- und Fachbücher haben Vorzug vor belletristischer Literatur

Solche Zuordnungen und Tests sollten sehr vorsichtig angewendet werden. Denn die Festlegung, welche Eigenschaften, Vorlieben und Abneigungen als erstrebenswert gelten und welche nicht, ist eine rein willkürliche, subjektive Entscheidung. Natürlich gibt es immer Verhaltensweisen oder Gemütszustände, die allgemein als günstig gelten. So stimmen sicherlich die meisten Menschen der Behauptung zu, dass eine gewisse Portion Ehrgeiz dem Vorwärtskommen und der Karriere förderlich ist.

Bedenken Sie, dass es nicht Ziel eines Persönlichkeitstests sein soll, richtiges oder falsches Verhalten zu bestimmen und es daher auch keine richtigen oder falschen Antworten gibt. Auf eine Frage, die sich auf ein bestimmtes Persönlichkeitsmerkmal bezieht, erwartet man eine Antwort, die zunächst eine Verhaltens- oder Einstellungstendenz in die eine oder andere Richtung aufweist. Welche Tendenz beim Bewerber in welchem Maße vorhanden ist, ist reine Interpretationssache.

Wie gehe ich mit Persönlichkeitstests um?

Checkliste

- Informieren Sie sich, wie derartige Tests gestaltet sind!
- Machen Sie sich klar, dass alle Antworten, die Sie geben, zunächst interpretiert werden und daher so oder so ausgelegt werden können!
- Wählen Sie den goldenen Mittelweg, wenn Sie sich nicht so sicher sind, wie eine Beantwortung interpretiert werden könnte!
- Kreuzen Sie nicht die extremen Antworten an, sondern entscheiden Sie sich für die gemäßigten!

Zu den Persönlichkeitstests zählen auch
- der Persönlichkeitsfragebogen,
- das grafologische Gutachten,
- der projektive Persönlichkeitstest.

Sie werden im Folgenden näher erläutert.

Persönlichkeitsfragebogen

Auch Persönlichkeitsfragebögen zählen zu den Persönlichkeitstests. Ziel ist es, ein möglichst umfangreiches Bild des Kandidaten und seiner Persönlichkeitsstruktur

zu geben. Die dem Verhalten zu Grunde liegenden Eigenschaften sollen beschrieben und damit das Verhalten erklärbar gemacht werden. Die Ermittlung der einzelnen Charaktereigenschaften und Verhaltensmerkmale erfolgt im Unterschied zu den üblichen Persönlichkeitstests durch eine schriftliche Befragung.
Die Fragen beziehen sich zunächst auf allgemeine Interessen, Ausbildung, familiäre Verhältnisse oder allgemeine Handlungspräferenzen.

Immer häufiger werden aber auch Fragebögen herangezogen, die mit vielen schon fast intimen Fragen arbeiten. So werden mitunter Fragen zu persönlichen Themen wie Glaube und Religion, Sexualität bzw. gesundheitliche und seelische Verfassung gestellt, die zum Teil schon fast indiskret sind.

Im Folgenden sollen nun drei konkrete Verfahren vorgestellt werden:

- Freiburger Persönlichkeitsinventar (FPI)
- Minnesota Multiphasic Personality Inventory (MMPI)
- 16-Persönlichkeits-Faktoren-Test (16-PF)

Freiburger Persönlichkeitsinventar (FPI):
Das *FPI* enthält insgesamt 138 Fragen, die sich mit dem körperlichen und geistigen Wohlbefinden des Bewerbers befassen. Basis sind zwölf Persönlichkeitsmerkmale, denen die Antworten zugeordnet werden.

Zu diesen Dimensionen zählen: Nervosität, Aggressivität, Depressivität, Erregbarkeit, Geselligkeit, Gelassenheit,

Gehemmtheit, Offenheit, emotionale Labilität, Maskulinität, Dominanzstreben.

Die meisten Fragen kann der Kandidat nur mit „Ja“ oder „Nein“ beantworten:

- Ich arbeite oft unter Zeitdruck.
- Mein Körper reagiert deutlich auf Wetterschwankungen.
- Meine Beziehung/Ehe ist gut.
- Ich gehe lieber bis zum Äußersten und riskiere Einiges, bevor ich als feige gelte.

Alle diese Fragen werden ausgewertet und mithilfe einer Schablone den oben angesprochenen zwölf Dimensionen zugeordnet. Dabei wird jedem der Merkmale genau ein Wert auf der Skala zugeordnet. Er soll anzeigen, wie stark jeder einzelne Faktor ausgeprägt ist. So kann sich z. B. der Wert des Faktors *Geselligkeit* auf einer Skala zwischen *gesellig/lebhaft* und *ungesellig/zurückhaltend* bewegen. Der FPI ist dann aufschlussreich und sinnvoll, wenn seine Ergebnisse eher als Tendenzen und nicht als absolute Größen verstanden werden.

Minnesota Multiphasic Personality Inventory (MMPI):
Der *MMPI* umfasst insgesamt weit über 500 Fragen. Die meisten dieser Fragen beziehen sich auf körperliche oder seelische Probleme. Daher werden auch sehr persönliche Bereiche wie der Gesundheitszustand, das Sexualverhalten oder religiöse Einstellungen abgefragt:

- Ich schlafe unruhig und werde oft wach.
- Ich sage nicht immer die Wahrheit.

- Ich habe sehr seltsame und fremdartige Erlebnisse gehabt.
- Manchmal bin ich von bösen Geistern besessen.

16 Persönlichkeits-Faktoren-Test (16-PF):

Dieser sehr bekannte Test erfasst insgesamt 16 dem Menschen zu Grunde liegende Persönlichkeitsfaktoren. Zu jedem dieser Faktoren werden zwölf rechtlich neutral formulierte Fragen gestellt. Diese Fragen sind so durchmischt, dass der Bewerber beim Ankreuzen nicht genau erkennen kann, welcher Faktor dabei überhaupt geprüft werden soll.

Grafologisches Gutachten

So wie jeder Mensch seine persönliche Note hat, so trägt auch jeder seine ganz persönliche Handschrift.

Bereits seit dem 18. Jahrhundert wird davon ausgegangen, dass die Handschrift wesentliche Merkmale der Persönlichkeit widerspiegelt und ihre Einzelmerkmale auf spezifische Charakterzüge hinweisen können. So meinen die Schriftdeuter und Grafologen, dass sich in der Schrift all diejenigen Eigenschaften und gefühlsmäßigen Befindlichkeiten abzeichnen, die einen Menschen als Individuum auszeichnen.
Somit lassen sich aus grafologischen Gutachten konkrete Rückschlüsse auf die Persönlichkeit eines Bewerbers ziehen, was aber zunehmend aus der Praxis verschwindet.

In der Regel untersucht der Grafologe die Handschrift eines Bewerbers anhand von zwei Merkmalskategorien, nämlich der ganzheitlichen Betrachtung und der Betrachtung der Einzelmerkmale, d. h. der Buchstaben.

Dabei bezieht sich die ganzheitliche Betrachtung auf folgende Bereiche:

- Bewegung:
  - Ist die Schrift gleichmäßig oder ungleichmäßig?
  - Wurde schnell oder langsam geschrieben?

- Strichführung:
  - locker oder gespannt
  - breit oder eng
  - Wie ist die Neigung der Schrift?

- Schreibdruck:
  - schwacher oder starker Stiftdruck

Die Betrachtung der Einzelmerkmale bezieht sich auf:

- Bewegung:
  - Länge der Wortabstände und der Wortunterbrechungen

- Form:
  - Wie sieht die Schrift aus? Ist sie einfach oder besonders geschwungen?
  - Wird mit oder ohne Schnörkel geschrieben?

- Fallen sonstige Verzierungen auf?
- Wie sehen die Ober- und Unterlängen der Buchstaben aus?

- Raum:
  - Ist die Schrift groß oder klein?
  - Wird breit oder eng geschrieben?
  - Wie groß ist der Abstand der Zeichen?

Die kombinierte Analyse von Einzelmerkmalen und der ganzheitliche Eindruck der Schrift sollen konkrete Hinweise auf das Charakterbild des Bewerbers geben. Dabei werden Verbindungen von gewissen grafologischen Merkmalskategorien zu den persönlichen Eigenschaften und allgemeinen Verhaltensweisen hergestellt, die wiederum Rückschlüsse auf das Arbeitsverhalten geben sollen.

Dabei stehen insbesondere folgende Merkmale im Mittelpunkt des Interesses:

- Leistungsverhalten:
  pedantisch, gewissenhaft, genau, nachlässig
- Kontaktfähigkeit und Vitalität:
  extro- oder introvertiert
- Temperament:
  selbstbeherrscht oder temperamentvoll
- Niveau
- intellektuelle Fähigkeiten
- soziale Kompetenz

Grafologische Gutachten oder Schriftproben werden immer noch herangezogen. Die Gründe hierfür sind unterschiedlich. Die einen vertrauen auf die langjährigen Erfahrungen, die mit dieser Methode gemacht wurden. Die anderen sehen mehr die praktischen Vorteile, die vor allem darin liegen, dass eine solche Analyse ohne persönliche Anwesenheit des Bewerbers mit geringem Aufwand erste Rückschlüsse auf bestimmte Charakteristika des Kandidaten zulässt.

TIPP

Gerne werden dem Bewerber zu diesem Zweck vorab Personalfragebögen zugeschickt, die nach den üblichen Rubriken wie persönliche Daten, Ausbildung, beruflicher Werdegang etc. ein Feld enthalten, in das der Bewerber einen Text seiner Wahl niederschreiben soll. Headhunter oder auch Personalberatungsfirmen greifen gerne auf dieses Instrumentarium zurück.

Kritisch ist allerdings anzumerken, dass bei grafologischen Gutachten aufgrund eines äußeren Merkmals Aussagen über persönliche Verhaltensweisen, Eigenschaften und Fähigkeiten, aber auch über die Intelligenz getroffen werden. Rein wissenschaftlich betrachtet, gelten sie nicht als verlässliches Instrument der Charakterbestimmung. Im Gegenteil – die Zuverlässigkeit und Prognosekraft grafologischer Gutachten ist relativ gering.
Die Aussagen der Grafologen sind weder zu beweisen noch zu widerlegen; sie sind einfach nicht nachprüfbar

und zum Teil höchst unterschiedlich. So ist es nicht selten, dass ein und dieselbe Schriftprobe von mehreren Grafologen begutachtet wird und in den Ergebnissen kaum Übereinstimmungen erkennbar sind. Selbst die zeitlich versetzte Analyse derselben Schriftprobe durch ein und denselben Grafologen variiert mitunter stark.

Aufgrund dieser geringen Aussagekraft bleibt die Grafologie als Methode zur Bewerberauswahl sehr umstritten.

Manche Unternehmen sehen von einem grafologischen Gutachten ab, verlangen aber eine Handschriftenprobe, um daraus erste Rückschlüsse auf den Charakter des Bewerbers ziehen zu können. Dies gilt insbesondere für Positionen im mittleren und höheren Management. Abgesehen davon, dass es umstritten ist, inwieweit eine grafologische Auswertung der Handschriftenprobe eine ausdrückliche Genehmigung des Bewerbers erfordert, ist man sich über die Aussagekraft auch hier nicht einig.

TIPP

Wird in einer Stellenausschreibung offen um die Übersendung einer Schriftprobe gebeten, empfiehlt es sich, nach dem Anschreiben und dem Lebenslauf auf einer Extra-Seite handschriftlich noch ein paar zusätzliche Informationen über die eigene Person zu geben oder den Karriereweg nochmals detaillierter zu formulieren. Es hat wenig Sinn, einen Zeitungsartikel abzuschreiben, da hier kein Zusammenhang mit der eigentlichen Bewerbung besteht.

Zunehmend kommen Unternehmen davon ab, einen handschriftlich verfassten Lebenslauf zu verlangen. Im Gegenteil – es wird erwartet, dass er aus Gründen der formalen Übersichtlichkeit mit dem Computer bzw. per Schreibmaschine erstellt wird.
Wie gehe ich mit Handschriftenproben um?

Checkliste

- Verwenden Sie einen Füller! Dadurch lässt sich ein saubereres Schriftbild realisieren als mit Kugelschreiber oder Bleistift.
- Verwenden Sie ein Extra-Blatt für die Schriftprobe! Nehmen Sie dabei einen Bogen rein weißes Papier und kein Umweltschutzpapier!
- Schreiben Sie nicht mehr als eine Seite!
- Beachten Sie die Raumaufteilung! Machen Sie Absätze und halten Sie Seitenränder ein!
- Vermeiden Sie Korrekturen! Der Text sollte aus einem Schreibfluss entstanden sein.
- Legen Sie die Handschriftenprobe nur bei, wenn sie ausdrücklich gewünscht wird!
- Machen Sie keine Experimente mit Ihrer Schrift! Ist Ihre Schrift klein, versuchen Sie nicht, die Buchstaben auf einmal größer zu schreiben!
- Versuchen Sie, Ihre Unterschrift nicht zu stark von der Normalschrift abweichen zu lassen! Grafologen ziehen hieraus gerne Rückschlüsse auf das Selbstwertgefühl des Bewerbers. Sie gehen davon aus, dass die Unterschrift die Persönlichkeit zeigt, die der Bewerber gerne hätte.

Projektive Persönlichkeitstests

Um Rückschlüsse auf den Charakter und die daraus abzuleitende Leistungsfähigkeit eines potenziellen Bewerbers zu ziehen, wird gerne auf ein weiteres Instrumentarium aus dem Bereich der klinischen Psychologie zurückgegriffen: das Verfahren der *Projektion*. Hier soll der Bewerber für ihn Unaussprechliches in andere Personen hineininterpretieren oder auf Situationen abbilden. Die Psychologie geht davon aus, dass, selbst wenn er diese Zustände und Gefühle nicht als seine eigenen deklariert hat, er sie dennoch erlebt und somit zumindest einen Teil seines Seelenlebens offenbart hat. Denn Charaktereigenschaften, kurzzeitige oder überdauernde Gemütszustände und Einstellungen müssen sich auf irgendeine Weise ausdrücken und finden auf diesem Weg ein geeignetes Ventil.

Beispiele für derartige Testverfahren sind:

- Rorschach-Test
- Thematischer Apperzeptionstest (TAT)
- Picture-Frustration-Test

Mithilfe dieser Tests sollen dabei die Innenwelt des Bewerbers sichtbar gemacht sowie Gefühle und Einstellungen, die er nicht direkt äußern oder benennen kann, aufgedeckt werden.

Rorschach-Test:

Der *Rorschach-Test* wurde bereits 1921 entwickelt und besteht aus zehn symmetrischen Tintenklecksbildern, die es zu deuten gilt. Der Bewerber soll ohne großes Nachdenken zu den ihm der Reihe nach vorgelegten Blättern sagen, was ihm zu jedem der einzelnen Tintenkleckse konkret einfällt. Durch diese Spontanäußerungen sollen seine ehrliche und eventuell auch unbewusste Einstellung und Haltung zu sich und anderen Menschen ans Tageslicht befördert werden.

Da auch hier bisher keine objektiv nachprüfbaren Ergebnisse vorliegen, ist auch dieses Verfahren kritisch zu betrachten.
Die Frage, ob es dabei helfen kann, den richtigen Bewerber herauszufiltern, ist eher zu verneinen.

Thematischer Apperzeptionstest (TAT):
Zu den projektiven Persönlichkeitstests zählt auch der *TAT*. Hier wird dem Testkandidaten eine Reihe von mehrdeutigen Zeichnungen vorgelegt, die er kommentieren soll. Die dadurch offen gelegten Geschichten und Eindrücke sollen auf Persönlichkeitsmerkmale wie verborgene Wünsche, Bedürfnisse, Erwartungen, Abwehrhaltungen und Ängste hinweisen.

Picture-Frustration-Test:
Dieser Bildertest von Rosenzweig umfasst insgesamt 24 Bilder, die Menschen in bestimmten emotionalen Stresssituationen darstellen. So muss sich ein Mann beispielsweise bei seinem Nachbarn dafür entschuldigen, dass sein Sohn etwas kaputt gemacht hat. Oder der Kandidat hat die Aufgabe, in eine gezeichnete Situation sprachlich einzugreifen, indem er in die entsprechenden Sprechblasen Text einfügt und einer bestimmten Person somit die Worte in den Mund legt.

Durch die Art der sprachlichen Reaktion sollen Rückschlüsse auf die Verfassung des Testkandidaten gezogen werden. Somit konzentriert sich die Analyse der 24 abgegebenen schriftlichen Antworten nur auf die Merkmale Aggression und Handlungsreaktion, während andere Persönlichkeitseigenschaften hierbei völlig außer Acht gelassen werden.

5.5 Zusammenfassung: Der richtige Umgang mit Eignungstests

In den letzten Kapiteln haben Sie nun viel über die verschiedenen Persönlichkeitstests erfahren. Es werden natürlich nicht alle gleichzeitig angewendet, sie spielen aber doch hin und wieder eine wichtige Rolle.
Es gibt noch weitere Tests, auf die nicht eingegangen werden kann und die einen eher zweifelhaften Charakter haben. So ist es schon vorgekommen, dass der Bewerber morgens um 9.00 Uhr zu einem Vorstellungsgespräch eingeladen wurde, dann im Besprechungszimmer auf sieben weitere Bewerber traf, gegen 17.00 Uhr vorgeladen wurde und dann erfuhr, dass die sieben weiteren „Bewerber" zum Unternehmen gehörten und die Aufgabe hatten, ihn als Bewerber zu beobachten. Dies ist schon fast ein unlauteres Verfahren, und der Bewerber sollte sich überlegen, ob er echtes Interesse an diesem Unternehmen hat.

So oder so – berücksichtigen Sie die nebenstehend aufgeführten Punkte, wenn Sie einem der genannten Persönlichkeitstests ausgesetzt werden sollten:

Checkliste

- Gehen Sie möglichst ruhig und entspannt an den Test heran!
- Versuchen Sie, sich vorab über die gängigen Tests zu informieren und die zu Grunde liegende Struktur und Methodik zu erkennen!
- Achten Sie möglichst genau auf die Formulierungen der einzelnen Fragen!
- Versuchen Sie, den Zweck der Fragen zu durchschauen, und achten Sie auf die Reihenfolge!
- Zeigen Sie, dass Sie selbstkritisch sein können!
- Färben Sie nicht zu offensichtlich schön!
- Konzentrieren Sie sich auf Ihr berufliches Können und Ihre Leistungsfähigkeit! Persönliche Niederlagen und Schwächen gehen den potenziellen Arbeitgeber nichts an.
- Seien Sie vorsichtig, wenn der Test über das beruflich Sinnvolle hinausgeht!
- Betrachten Sie den Test ruhig kritisch, hinterfragen Sie ihn oder lehnen Sie Ihnen zu unangenehme Aufgaben im äußersten Fall auch ab!

6. Das Assessment-Center

Viele Unternehmen legen Wert darauf, dass ihre potenziellen Bewerber ein Assessment-Center besuchen. Dies gilt insbesondere für die Auswahl von Führungskräften. Daher soll abschließend auf diese Form der Personalauswahl eingegangen werden.

Im Einzelnen erfahren Sie
- was ein Assessment-Center ist,
- welche Fähigkeiten getestet werden,
- welche Art der Tests und Prüfungen zu einem Assessment-Center gehören,
- wie Sie sich jeweils vorbereiten können.

6.1 Was ist ein Assessment-Center?

Der Begriff *Assessment* bedeutet im Englischen so viel wie Einschätzung, Bewertung oder Festlegung. Im Sprachgebrauch der Unternehmen wird unter einem Assessment-Center ein komplexes Auswahlverfahren verstanden, das verstärkt bei der Suche nach geeigneten Führungskräften eingesetzt wird.

Im Grunde handelt es sich um nichts anderes als um eine Kombination von verschiedenen Beurteilungsmethoden, die aus dem Gebiet der klassischen Personalauswahl und -entwicklung schon länger bekannt sind.
Das Assessment-Center zeichnet sich somit nicht unbedingt durch neue Methoden aus. Neu ist allein die Tatsa-

che, dass ein oder mehrere Kandidaten innerhalb der Bewerberrunde unter verschiedenen Blickwinkeln betrachtet, mit verschiedenen Testsituationen konfrontiert und von mehreren Beobachtern beurteilt werden.
Ziel eines Assessment-Centers ist es, den Bewerber in seiner gesamten Persönlichkeitsstruktur zu erfassen. Man geht davon aus, dass dadurch eine exaktere Berufsprognose möglich ist.

Aus diesem Grund hat das Assessment-Center unter allen Verfahren zur Mitarbeiterauswahl eine sehr hohe Akzeptanz. Dies gilt nicht nur für die Unternehmen, sondern auch für die Bewerber selbst.

Assessment-Center werden vor allem zur Auswahl von Führungs- und Assistenzkräften eingesetzt. Der Grund hierfür liegt auf der Hand: Die vorliegenden Bewerbungsunterlagen, Testergebnisse oder in einem Gespräch gewonnenen Hintergrundinformationen sind für eine optimale Kandidatenauswahl oftmals nicht ausreichend.

6.2 Wie funktioniert ein Assessment-Center?

In einem Assessment-Center müssen sich bis zu zwölf Teilnehmer in diversen, sehr realitätsnahen beruflichen Testsituationen bewähren. Während der Übungen werden die Kandidaten von Führungskräften und Psychologen begleitet, beobachtet und abschließend analysiert. Dadurch soll eine einigermaßen objektive Bewertung der Bewerber ermöglicht werden.

TIPP

Das Assessment-Center wird in Form eines ein- bis mehrtägigen Seminars abgehalten, in der Regel sind es zwei bis drei Tage. Aufgrund der hohen Kosten für dieses Verfahren (Reisespesen und Hotelkosten für die Teilnehmer, die firmeneigenen Beobachter und Berater aus der Personalabteilung sowie die Bezahlung mehrköpfiger Psychologenteams) wird es oft auch in verkürzter Form von einem halben oder ganzen Tag Dauer angeboten.

Unabhängig von der Dauer des Assessment-Centers werden die Kandidaten in drei Hauptkategorien geprüft:

Checkliste

- Systematisches, logisches Denken und Handeln
  - Kombinationsfähigkeit
  - Planungs- und Kontrollfähigkeiten
  - Organisations- und Zeitmanagement der eigenen Arbeit/Projekte
  - analytisches und abstraktes Denken
  - räumliches Vorstellungsvermögen

- Persönliche Kompetenz und eigene Aktivität
  - Durchsetzungsvermögen
  - Arbeitsmotivation/Engagement
  - Beständigkeit und Standhaftigkeit
  - Führungsmotivation
  - Unabhängigkeit und Eigenverantwortung

- sprachliches Ausdrucksvermögen
- Überzeugungskraft

- Sozialaspekt
  - Kontaktfähigkeit
  - Sensibilität
  - Integrität
  - Vertrauenswürdigkeit
  - Kooperationsfähigkeit
  - Selbstkontrolle
  - Informationsverhalten

Dabei sollen vor allem folgende Fähigkeiten, Eigenschaften und Kenntnisse getestet werden:

Checkliste

- Führungskompetenz
- Gruppenverhalten, Fairness
- Selbstdarstellung
- kommunikative und rhetorische Fähigkeiten
- planerische Begabung
- Entscheidungsfreudigkeit
- Verhandlungsgeschick
- Kreativität
- Eigeninitiative
- Selbstkontrolle
- allgemeiner Umgang mit Stresssituationen
- Selbstsicherheit

Nachdem das Assessment-Center durchgeführt ist, wird mit dem Bewerber gesprochen. Diese so genannten Feedback-Gespräche finden nach Abschluss des gesamten Auswahlverfahrens statt und sollen dem Bewerber eine Rückmeldung bezüglich seines Verhaltens, seines Auftretens, seines Wirkens und seines Könnens geben.

Damit ist das Assessment-Center auch für diejenigen Bewerber sinnvoll, die nach Ablauf des Verfahrens nicht eingestellt werden, denn sie können die daraus gewonnenen Informationen und Erkenntnisse in weiteren Bewerbungsgesprächen zielführend einsetzen.

TIPP

Mitunter werden auch Einzel-Assessment-Center zur Bewerberauswahl herangezogen. Diese Bewertungsverfahren konzentrieren sich nur auf einen Mitarbeiter und werden häufig im Rahmen von Mitarbeiter-Förderprogrammen eingesetzt. Zielgruppe ist hier die Führungsspitze des Unternehmens. Diese Personen werden einem solchen Verfahren unterzogen, wenn es darum geht, sie in die nächst höhere Position zu befördern.

In der Regel liegt dem Assessment-Center ein bestimmtes Aufgabenschema zu Grunde. Je nach zu besetzender Stelle, Zielgruppe und Dauer des Assessment-Centers wird es flexibel angepasst und verändert. Meist besteht es jedoch aus den folgenden vier Aufgaben, die anschließend näher erläutert werden.

Jeder für sich

Hier soll jeder Teilnehmer im Alleingang beweisen, ob und inwieweit er in der Lage ist, selbstständig zu arbeiten und sich gut zu organisieren. Dieses Verhalten wird gerne mit der *Postkorb-Übung* getestet.

Jeder gegen Jeden

Hier wird beobachtet, wie gut die Bewerber in der Lage sind, ohne Leitung in der Gruppe zu bestehen. Getestet wird dies anhand von *führerlosen Gemeinschaftsaufgaben* (Beispiel: Alle Teilnehmer bauen gemeinsam einen möglichst hohen Turm auf) oder auch mithilfe von *Gruppendiskussionen*.

Einer gegen alle

Hier soll das kommunikative und kooperative Verhalten zwischen zwei Teilnehmern beobachtet und getestet werden. Typische Testverfahren dafür sind Aufgaben wie beispielsweise das *Rollenspiel*.

Einer vor allen

Ziel ist es, rhetorische Fähigkeiten und Präsentationsgeschick zu beweisen. Dies wird gerne mit einem Fachvortrag vor den anderen Bewerbern getestet, welcher kurz vorbereitet werden kann oder spontan gehalten wird.

Das Assessment-Center ist in seinem Übungsteil ausbaufähig. So können zusätzlich Intelligenz- und Leistungstests oder auch Persönlichkeitstests herangezogen werden. Mitunter wird zum Abschluss noch ein Stressinterview durchgeführt.

6.3 Bestandteile eines Assessment-Centers

Im Folgenden werden nun die häufigsten Übungen des Assessment-Centers vorgestellt. Im Einzelnen handelt es sich um:

- Postkorb-Übung
- Gruppendiskussion
- Rollenspiel
- Vortrag und Diskussion

Postkorb-Übung

Bei der Postkorb-Übung hat der Bewerber einen vorgegebenen Katalog von Aufgaben zu bewältigen, der in der Regel in direktem Zusammenhang mit der zu besetzenden Position steht. Dabei soll er die ihm übertragenen Aufgaben innerhalb eines straffen Zeitrahmens nach ihrer Priorität sortieren und bearbeiten.
Er soll selbst entscheiden, welche Aufgaben er delegieren kann oder sogar delegieren muss, welche Aufgaben verschoben werden können oder welche Aufgaben gar nicht unbedingt erforderlich sind und daher in den Papierkorb geworfen werden können.
Mit dieser Aufgabe soll das Organisationstalent des Bewerbers auf die Probe gestellt werden. Hierbei zeigt sich nämlich, ob er angesichts einer gewaltigen Aufgabenfülle den Überblick bewahren kann und somit fähig ist, über deren Stellenwert zu urteilen. Zudem wird geprüft, inwieweit der Bewerber in der Lage ist, seine einmalig getroffenen Entscheidungen zu vertreten und zu begründen.

Checkliste

- Lesen Sie sorgfältig die gegebenen Instruktionen!
- Versuchen Sie, einen Überblick über die Aufgaben zu gewinnen!
- Ordnen Sie die Vorgänge nach ihrer Priorität! Versuchen Sie, die wichtigen von den dringenden zu unterscheiden!
- Sortieren Sie diejenigen aus, die unerheblich sind!
- Holen Sie sich evtl. zusätzliche Informationen ein!
- Delegieren Sie!

Gruppendiskussion

Hier müssen die Teilnehmer zu einem vorgegebenen Thema diskutieren, ohne dass ein Moderator oder Diskussionsleiter vorhanden ist. Ziel ist es, ein gemeinsam akzeptiertes Ergebnis zu erarbeiten. Dabei soll jeder Teilnehmer seinen eigenen Standpunkt und seine Forderungen vertreten, gleichzeitig aber auch auf die Gesprächspartner eingehen. Folgende Merkmale werden getestet:

- Durchsetzungskraft
- Kompromissbereitschaft
- Kooperationsfähigkeit

TIPP

- Lassen Sie die anderen Teilnehmer ausreden!
- Fassen Sie die Beiträge zusammen!
- Machen Sie Ihren Standpunkt deutlich!
- Seien Sie kompromissbereit!

Rollenspiele

In Rollenspielen wird eine berufsnahe Situation simuliert, in der dem Kandidaten eine bestimmte Rolle zugewiesen wird. Dabei kann es sich um eine Führungskraft, einen Vorgesetzten oder eine Assistenzkraft handeln – je nachdem, was der zukünftige Arbeitsplatz verlangt.
In der Regel sind zwei Kombinationen möglich:

- Zwei Bewerbungskandidaten agieren gegen- bzw. miteinander. Dabei erhält manchmal einer der beiden Bewerber den aufwendigeren bzw. weniger dankbaren Part.
- Nur ein Bewerber wird quasi „auf die Bühne" gebeten, der mit einem geschulten Trainer die Aufgabe bearbeitet. Dieses Verfahren hat den Vorteil, dass jeder einzelne Kandidat besser beobachtet werden kann, da ihm ein geschulter und neutraler Rollenspielpartner gegenübersteht, der sich nicht im Mittelpunkt des Interesses befindet.

Häufig werden in Rollenspielen Verkaufs- oder Verhandlungssituationen nachempfunden, in denen es vor allem auf folgende Faktoren ankommt:

- Entscheidungsfähigkeit
- diplomatisches Geschick
- sprachliche Gewandtheit
- Überzeugungskraft

Typische Themen für Rollenspiele sind:

- Verhandlungen zu Preis- und Produktgestaltung
- Verhandlungen zur Arbeitszeit

- Verkaufstechniken
- Kundenbesuch eines Außendienstmitarbeiters
- Beschwerde- und Konfliktmanagement
- Beurteilungs- und Fördergespräche
- Einstellungsgespräch

Checkliste

- Üben Sie, üben Sie, üben Sie!
- Gehen Sie gedanklich die unterschiedlichsten Arten von Rollenspielen durch!
- Überlegen Sie sich Themen und führen Sie fingierte Rollenspiele mit Freunden und Bekannten durch!
- Machen Sie sich mit unterschiedlichen Themen vertraut, von denen Sie glauben, dass sie für derartige Tests relevant sein könnten. Auf diese Weise können Sie sich in bestimmte Rollen und Figuren sehr schnell einfinden!

Vortrag und Präsentation

Hier sind in der Regel zwei Variationen möglich, die sich lediglich im Hinblick auf die erlaubte Vorbereitungszeit unterscheiden:

- Ad-hoc-Vorträge, bei denen der Teilnehmer nach ein paar Minuten Überlegungszeit über ein ihm vorab gestelltes Thema referieren soll.
- Bearbeitung eines meist wissenschaftlichen Textes mit anschließendem freien Vortrag des Textes vor der versammelten Gruppe. Auch hier ist die Zeitvorgabe meist sehr knapp bemessen.

Das Beobachtergremium möchte vor allem über folgende Fähigkeiten des Bewerbers Aufschluss erhalten:

- Rhetorisches Geschick
- Überzeugungskraft
- Fähigkeit, ein Thema nicht nur interessant darzustellen, sondern sich selbst auch wirkungsvoll präsentieren zu können.

Checkliste

- Sprechen Sie deutlich!
- Konzentrieren Sie sich auf wesentliche Aspekte!
- Stellen Sie Ihre Inhalte verständlich und anschaulich dar! Sie können nicht davon ausgehen, dass alle Zuhörer auch Experten sind.
- Zeigen Sie verschiedene Standpunkte und Lösungen mit ihren jeweiligen Vor- und Nachteilen auf!
- Präsentieren Sie möglichst wirkungsvoll!

6.4 Zusammenfassung: Optimale Vorbereitung auf ein Assessment-Center

Im Großen und Ganzen gilt für das Assessment-Center das Gleiche wie für die Vorbereitung auf ein Vorstellungsgespräch oder einen Persönlichkeitstest. Das Wichtigste ist die ausgiebige Beschäftigung mit der eigenen Persönlichkeit, mit seinen eigenen Stärken und Schwächen bzw. den verschiedenen mehr oder weniger stark ausgeprägten Eigenschaften.

Checkliste

- Machen Sie sich mit dem Ablauf und den typischen Bestandteilen und Aufgaben eines Assessment-Centers vertraut!
- Üben Sie Rollenspiele und Vorträge!
- Üben Sie, sich so effektiv wie nur möglich zu präsentieren!
- Besuchen Sie ruhig einen Präsentations- oder Moderationsworkshop!
- Überprüfen Sie Ihr Selbstbild!
- Treten Sie sicher auf!
- Sprechen Sie immer deutlich und akzentuiert!
- Seien Sie tolerant gegenüber anderen Standpunkten und Meinungen!
- Lassen Sie jeden Teilnehmer ausreden!
- Bemühen Sie sich um ein eigenes Profil!
- Argumentieren Sie sachlich! Vermeiden Sie unbedingt emotionale Ausbrüche!
- Vermeiden Sie kritische Bemerkungen oder Seitenhiebe gegen andere Teilnehmer!
- Spielen Sie sich nicht als Einzelkämpfer auf!
- Lernen Sie aus dem Feed-Back und den Ergebnissen – unabhängig davon, wie das Assessment-Center für Sie persönlich ausgeht!
- Sehen Sie das Assessment-Center als Chance!

Im Falle einer Absage

Nun waren Sie im Verfahren der Bewerberauswahl schon so weit gekommen, dass Sie nicht nur zum Vorstellungs-

gespräch, sondern auch zur Teilnahme am Assessment-Center eingeladen wurden. Und jetzt teilt man Ihnen mit, dass Sie für diese Stelle doch nicht der geeignete Kandidat sind.
Bedenken Sie Folgendes: Sie waren einer von mehreren Teilnehmern, die sich auf diese eine Stelle beworben haben und von denen folglich auch nur einer ausgewählt werden kann. Was könnte der Grund dafür sein, dass man sich nicht für Sie entschieden hat? Überlegen Sie noch einmal ganz genau, welche Anforderungen mit dieser Stelle konkret verknüpft sind. Wären Sie diesen Ansprüchen auch tatsächlich gerecht geworden? Bei einer Absage sollten Sie nämlich einen Aspekt berücksichtigen:

Ziel des Verfahrens war es in erster Linie, Sie als Bewerber dahingehend zu beobachten, inwieweit Sie von Ihrer Persönlichkeitsstruktur für diese Tätigkeit geeignet sind. Ist es also nicht auch zu Ihrem Vorteil, wenn die Personalverantwortlichen zu dem Ergebnis gekommen sind, dass Sie für diesen Job nicht der ideale Kandidat sind? Es ist nahe liegend, dass Anforderungen an Sie gestellt worden wären, die Sie nicht hätten erfüllen können oder wollen, da sie Ihrem Wesen widersprechen. Vielleicht werden Sie feststellen, dass die Absage letztendlich ein positiver Hinweis darauf ist, auf welche Art von Stellen Sie sich künftig verstärkt bewerben sollten. Notieren Sie sich die wesentlichen Aussagen, die Sie im Auswertungsgespräch von den Gutachtern erhalten haben, und verwenden Sie diese als wertvolle Anregungen bei Ihrer weiteren Stellensuche.

7. Service-Seiten

Die folgenden Angaben erheben keinen Anspruch auf Vollständigkeit, sie sollen lediglich als Hilfestellung bei Ihrer Online-Reise dienen.*

Online-Angebote:

Allgemeine Tipps zum Thema Stellensuche, Fortbildung und Ausbildung finden Sie auf der Homepage des Arbeitsamtes:
www.arbeitsamt.de

Wichtige Ratschläge für eine erfolgreiche Bewerbung gibt es unter:
www.berufs-karriere.de

Suchmaschinen im Internet:

Mit diesen Suchmaschinen erhalten Sie schnell und ohne große Mühe Informationen zu bestimmten Inhalten wie Job-Statistiken oder Testverfahren:

www.altavista.com
www.fireball.de
www.google.de
www.lycos.de

* Beachten Sie aber bitte, dass sich Internet-Adressen im Laufe der Zeit ändern können.